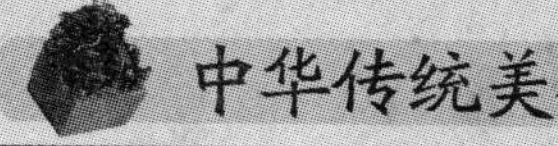

中华传统美德百字经

恕·推己为恕

于永玉 高辉◎编

一段历史之所以流传千古，是由于它蕴涵着不朽的精神；一段佳话之所以人所共知，是因为它充满了人性的光辉。感悟中华传统美德，获得智慧的启迪和温暖心灵的感动；品味中华美德故事，点燃心灵之光，照亮人生之路。

天津人民出版社

图书在版编目（CIP）数据

恕：推己为恕 / 于永玉，高辉编. —天津：天津人民出版社，2012.6

（巅峰阅读文库. 中华传统美德百字经）

ISBN 978-7-201-07569-3

Ⅰ. ①恕… Ⅱ. ①于… ②高… Ⅲ. ①品德教育—中国—通俗读物 Ⅳ. ① D648-49

中国版本图书馆 CIP 数据核字 (2012) 第 133741 号

天津人民出版社出版

出版人：刘晓津

（天津市西康路 35 号 邮政编码：300051）

邮购部电话：（022）23332469

网址：http://www.tjrmcbs.com.cn

电子信箱：tjrmcbs@126.com

永清县晔盛亚胶印有限公司印刷 新华书店经销

2012 年 6 月第 1 版 2012 年 6 月第 1 次印刷

690×960 毫米 16 开本 10 印张 字数：100 千字

定价：19.80 元

前言

中国是一个具有悠久历史和灿烂文化的文明古国，也是举世闻名的礼仪之邦。在历史的长河中，中华民族创造出了绚丽多彩的物质文化和精神文化，为人类的发展和进步做出了重要贡献。其中，中华民族的传统美德被大家代代传承。

那么，什么是传统美德？什么是中华民族的传统美德呢？通常来说，传统美德就是在自觉或习俗的道德规范中，一些被大多数人所接受并实际奉行的，而且在现代仍有着积极影响的那些美德。具体到中华民族传统美德，概括起来就是指中华民族优秀的民族品质、优良的民族精神、崇高的民族气节、高尚的民族情感以及良好的民族礼仪等，是中华民族在历史实践过程中积累而成的稳定的社会优秀道德因素，体现在人们生活的方方面面，涉及政治、经济、文化、意识等领域，并通过社会心理结构及其他物化媒介得以代代相传。

经过长期的历史沉淀，中华传统美德已融入到中华民族的思想意识和行为规范中，成为社会道德文化的遗传基因，成为整个中华民族文化的精神内涵，也是中华五千年文明史的精髓所在。继承和弘扬中华民族传统美德，可以振奋民族精神，增强民族自尊心、自信心、自豪感和凝聚力，使社会主义道德规范具有更丰富的内涵，让社会主义、集体主义、爱国主义思想等更加深入人心，成为社会主义文化的主旋律。同时，还可以更好地协调人际关系，促进社会主义市场经济的健康发展，形成有中国特色的、适应社会发展的价值观和伦理道德规范。

国民的思想道德状况，尤其是青少年的思想道德状况，直接关系着一个国家、一个民族的整体素质，关系着国家前途和民族命运。目前，我国已进入改革发展的新时期新阶段，德育教育的价值和意义更是日渐凸显。大力弘扬中华传统美德，建设社会主义核心价值体系，促进社会主义文化的发展和繁荣，是建设全面小康社会的主要任务，更是实现中华民族伟大复兴的必然要求。因此，党中央非常注重我国公民道德建设，全社会也已形成了加强和改进思想道德建设的新风尚。

青少年是国家的希望，是民族不断发展和延续的根本，因此，青少年德育教育就显得更加重要。为了增强和提升国民素质，尤其是青少年的道德素质，我们特意精心编写了本套丛书——《中华传统美德百字经》。

本套丛书立足当前公民，尤其是青少年思想道德教育的现实，将中华民族的传统美德归纳为一百个字，即学、问、孝、悌、师、教、言、行、中、庸、仁、义、敦、和、谨、慎、勤、俭、恤、济、贞、节、谦、让、宽、容、刚、毅、睦、贤、善、良、通、达、知、理、清、廉、朴、实、志、道、真、立、忠、诚、公、正、友、爱、同、礼、温、信、尊、敬、恭、恕、责、仪、精、专、博、富、明、智、勇、力、安、全、平、顺、敏、思、积、利、健、率、坚、情、养、群、严、慈、创、新、变、革、争、谏、诲、齐、省、克、竞、求、简、洁、强、律。丛书内容丰富、涵盖性强，力图将中华民族传统美德的内涵囊括进去。丛书通过故事、诗文和格言等形式，全面地展示了人类永不磨灭的美德：诚实、孝敬、负责、自律、敬业、勇敢……

这些故事在中华民族几千年的历史长河中，一直被人们用来警醒世人、提升自己，用做道德上对与错的标准；同时通过结合现代社会发展，又使其展现了中华民族在新时代的新精神、新风貌，从而较全面地展示了中华民族的美德。

在本套丛书中，为了帮助读者更好地理解这些源远流长的传统美德，我们还在每一篇故事后面给出了“故事感悟”，旨在令故事更加结合现代社会，结合我们自身的道德发展，以帮助读者获得更加全面的道德认知，并因此引发读者进一步的思考。同时，为丰富读者的知识面，我们还在故事后面设置了“史海撷英”、“文苑拾萃”等板块，让读者在深受美德教育、提升道德品质的同时，汲取更多的历史文化知识。

这是一套可以打动人心灵的丛书，也是可以丰富我们思想内涵的丛书……《中华传统美德百字经》向我们展示的是一种圣洁的、高尚的生活哲学。无论在任何社会、任何时代，给予人类基本力量的美德从来不曾变化。著名的美国政治家乔治·德里说：“使美国强大的不是强权与实力，而是上帝赐予的美德。假如我们丢失了最根本且有用的美德，导弹和美元也不能使我们摆脱被毁灭的命运。”在今天，我们可能比任何时候都更应关心道德问题，尤其是青少年的道德问题，因为今天我们正逐渐面临从未有过的道德危机和挑战。

人生的美德与智慧就像散落的沙子，我们哪怕每天只收集一粒，终有一天能积沙成塔，收获一个光辉灿烂的明天。《中华传统美德百字经》中的美德故事将直指我们的内心，指向人性中善良的一面，唤起我们内心深处的道德感。因此，中华民

族的传统美德也一定会在我们的倡导和发扬之下，世世传承，代代延续！

全套丛书分类编排，内容详尽、文字优美、风格独具，是公民，尤其是青少年思想道德建设的优秀读物。愿这些恒久流传的美文和故事能抚平我们每个人骍动的心，愿这些优秀的美德种子能在青少年身上扎根、发芽、生长……

导言

天空，因为收容每一片云彩，所以才能广阔无比；高山，因为收容每一块岩石，所以才能雄伟壮观；大海，因为收容每一朵浪花，所以才能浩瀚无比。马克·吐温也曾说过："紫罗兰把它的香气留在那踩扁了它的脚踝上，这就是宽恕。"由此可见，自然界中，万物生长都离不开宽容。宽容是一种简单，一份超然，一方纯朴的境界。

中华五千年的传统美德何其多也，有的可能渐渐被人遗忘，而"恕"的宽容精神却在岁月的流沙中，愈来愈闪耀出它的光芒。

宽容是一种人生的修养。我们称颂为人厚道、宽以待人，我们鄙夷尖酸刻薄、苛刻待人；我们欣赏相逢一笑泯恩仇，我们不齿冤冤相报无尽休。作为修养，宽容就是肯定自己也承认他人；就是对人谦逊真诚，待人礼让大度；就是能够宽恕别人对自己的伤害……换言之，它是一种善待生活、善待他人的高尚境界。

宽容是一种做人的原则。人只要在社会中生活，就必须同各种各样的人打交道。宽宏大度者，能够允许别人有行动和判断的自由，甚至尊重、悦纳与自己志趣不投，抑或格格不入的人或事。面对非议、误解，过多的争辩和反唇相讥，只能事与愿违，恶性循环。相反，如能冷静、忍耐、谅解，容时间作证，最终可以冰释前嫌，握手言和。

宽容更是一种颇具价值的思想。从人类走过的漫长历程中可以发现，人类所缺乏的往往不是知识而是思想，是一种灵光闪动的、充满生命力的、激越而又深邃的智慧。"大海成汪洋之势，却以其低而纳百川；天空展无垠之域，然与其高而容日月"，一个人只有以大海之低和天空之高的胸怀，容人所不能容，忍人所不能忍，才能最终超然于纷繁、喧杂的世俗之上，健康快乐，从容潇洒，同时也使自己的人生丰富、博大起来。因此，宽容又是一种生存的智慧和法则。

美国总统林肯对政敌素以宽容著称，后来终于引起一议员的不满，议员说:“你不应该试图和那些人交朋友，而应该消灭他们。”林肯微笑着回答:“当他们变成我的朋友，难道我不正是在消灭我的敌人吗？”一语中的，多一些宽容，公开的对手或许就是我们潜在的或现实的朋友。

人与人之间需要宽容，需要理解。宽容是催化剂，可以消除隔阂，减少误会，化解矛盾；宽容是润滑剂，能调节人际关系，减少磨擦，避免碰撞；宽容是清新剂，会令人感到舒适，感到温馨，感到自信，感到世界的美好与和谐。

“忍一时风平浪静，退一步海阔天空。”这既不是懦弱，也不是忍让，而是宽容。宽容让人处世有度量、不苛求，“记人之长，忘人之短”，说的即是宽容。但是宽容并不是人与生俱来的，它是随着人们知识的不断丰富、智慧的不断增加、修养的不断提高，才慢慢感悟出来的人生真理。

第一篇

恕为仁德

吕蒙正不记人过

◎互不相让的两脚，是不可能迈进一步的。——史祖习

吕蒙正（944—1011年），字圣功。河南洛阳人。977年丁丑科状元。吕蒙正中状元后，授将作监丞，通判升州。太宗征讨太原，吕蒙正被授著作郎，入值史馆。980年，拜左补阙，知制诰。太平天国八年，任参知政事。988年，拜吕蒙正为宰相。1001年，第三次登上相位。不久，因病辞官，回归故里。吕蒙正病逝于大中祥符四年（1011年），享年67岁，谥文穆，赠中书令。

宋朝宰相吕蒙正是个襟怀博大、度量如海的人。《宋史》说他“质厚宽简，有重望，以正道自持。凡事敢言，每论时政，有未允者，必固称不可，上嘉其无隐”，“时皆服其量”。

北宋太平兴国年间，文武百官就参知政事（相当于副宰相）的人选一事争论不休。大臣李之成推荐吕蒙正，因为他为官清廉，在百姓中威望很高；但另一位恃才傲物的大臣毛尚谦却极力反对，理由是吕蒙正不过是平庸之辈，不能胜任。几番争执，皇帝最终决定参知政事一职由吕蒙正担任；而李之成则被派到外地去做官，不日赴任。

临行前，吕蒙正为李之成在一家酒楼里饯行。酒席上，李之成说起朝中争论，正要告诉吕蒙正作梗之人的姓名，吕蒙正连忙摇头说：“多谢你良苦用心，但我还是不知道为好，一来免去很多是非，二来也少了很多官场斗争。与我又有什么损失呢？”李之成告诫他：为人太忠厚，将来定要吃亏。就在这时，隔壁房间有人大声嚷嚷：“今天在朝廷上，众大臣都举荐吕蒙正为参知政

事。吕蒙正这种小人也配当参知政事！”李之成为吕蒙正抱不平，拍案而起，要去找那人理论，但却遭到吕蒙正的阻拦。李之成忍无可忍，大骂吕蒙正乃胆小怕事的平庸之辈。吕蒙正涨红了脸说：“我知道你是为我好，可是，你仔细想一想，如果我现在知道了那个人的姓名，就会终身不忘他的过错。要是以后碰上与他有关的事，我必然会带上个人恩怨。我之所以不愿追问他的姓名，就是为了日后能真正做到大公无私，秉公办事。为了国家的利益，我个人的一点委屈又算得了什么呢？”李之成无言以对，只能无奈地摇摇头。

一年后，李之成管辖的浮梁县（今江西景德镇市东北）煅烧出绝世无双的瓷器“龙泉青池”，准备作为贡品献给朝廷，谁知在进贡的前一天却不慎被李之成打碎了。大家不禁胆战心惊，重新赶制绝无可能，临时更换又是欺君之罪。最后，差役想出一个办法：命令工匠稍作修复，蒙混送到朝廷，皇帝发现瓷器破碎，定以为是运送途中不慎碰撞所致。但是有一个难题难以解决，那就是如何应付转运使的验收。李之成得知此次担任转运使的恰好是毛尚谦，不禁松了一口气，此人性格粗略，马虎大意，略施小计便可骗过。原来，李之成祖传“麒麟青池”与贡品极为相似，可以将“麒麟青池”拿给毛尚谦检查，然后再调包。不出所料，毛尚谦虽然发现贡品有些异处，但并未深究。“龙泉青池”运到朝廷，皇帝打开一看——竟是一堆碎片，龙颜大怒，毛尚谦还来不及反应就已经成了阶下囚。吕蒙正觉得事有蹊跷，便替毛尚谦求情，并主动请命审理此案。

身陷囹圄的毛尚谦左思右想，终于悟出了真相：自己马虎大意，被人陷害了。此时，恰逢吕蒙正来询问案情，毛尚谦激愤不已：“你别猫哭耗子假慈悲了！说不定还是你和李之成合计好了，一起陷害我的呢！明明是‘龙泉青池’，他给我看的却是‘麒麟青池’，你们设好了圈套让我钻！偏偏我又落到你的手中！”吕蒙正大吃一惊，难道这件案子与李之成有关？

当晚，吕蒙正奔赴外地，找到李之成询问实情。李之成仗着自己与吕蒙正是多年故交，又有知遇之恩，以为他一定会帮自己，于是对案情直言不讳。不料吕蒙正执法严明，刚正不阿，当下将李之成缉拿。满腔义愤的李之成抓住最后一根救命稻草：“你不要口口声声替毛尚谦说话！你可知当年是谁当着文武百官的面反对你担任参知政事的，又是谁在酒楼里大骂你不配当参知政事的？就是毛尚谦！如今他这样狼狈，你还要感激我呢！帮你出了一口怨气！一边是朋友，一边是敌人，你站在哪一边？”吕蒙正不为所动，毅然决定将他缉拿归案。

吕蒙正还了毛尚谦一个清白，自己却落下了“忘恩负义”、“以怨报德”的骂名。金銮殿上，“龙泉青池”一案大白天下，皇帝决定以欺君之罪处死李之成，朝廷上下无人敢言。这时，吕蒙正勇敢地站出来，摘下官帽，愿以自己的官职换回李之成一条性命。文武百官也纷纷求情，于是皇帝只好从轻发落。

吕蒙正做了宰相还没多久，有人揭发蔡州知州张绅贪赃枉法，吕蒙正就把他免了职。朝中有人对太宗说，“张绅家里富足，有的是钱，哪里能把钱看在眼里呢？是当初吕蒙正在贫寒之时，曾向张绅要钱，张没给他，今天做了宰相就报复人家罢了。”这样的事怎能辩清，吕蒙正对此事没有多做辩解，太宗就恢复了张绅的官职。后来其他官员在审案时又得到张绅受贿的证据，张绅又被免了职，太宗这才知道冤枉了吕蒙正，就对他说：“张绅果然是贪污受贿。”吕蒙正不辩亦不谢！

吕蒙正的同窗好友温仲舒，两人同年中举，在任上温仲舒因犯案被贬多年，吕蒙正当宰相后，怜惜他的才能，就向皇上举荐了他。后来温仲舒为了显示自己，竟常常在皇上面前贬低吕蒙正，甚至在吕蒙正触逆了“龙颜”之时，他还落井下石，当时人们都非常看不起他。有一次，吕蒙正在夸赞温仲舒的才能时，太宗说：“你总是夸奖他，可他却常常把你说得一钱不值啊！”吕蒙正笑了笑说：“陛下把我安置在这个职位上，就是深知我知道怎样欣赏别人的才能，并能让他才当其任。至于别人怎么说我，这哪里是我职权之内所管的事呢？”太宗听后更加敬重他的为人。

古人对历史可是惜字如金的，但《宋史》却不惜重墨记述吕蒙正的故事，足见人们对他做人的襟怀和气度是如何地推崇备至。君子坦荡荡，小人常戚戚。吕蒙正襟怀宽广、度量如海，正好验证了一句俗话：“宰相肚里能撑船。”

◎故事感悟

宽容忍让，作为一种美德而受人称颂。孔子说，“薄责于人，则远怨矣。”少责怪别人，对别人多谅解多宽容，这样就远离怨恨了。宽容忍让不同于谄媚、屈辱和丧失人格，只有大智慧、大度量的人才能做到。吕蒙正宽容忍让不但是仁爱的体现，也表现了他的良好修养和高尚品格。这种修养和品格也让他常常化祸为福，使他减少敌人，多些朋友。

◎史海撷英

吕蒙正直言进谏

吕蒙正作为一朝宰相，对下属是个宽厚的长者，并注重提拔奖掖后进之人，可对皇上，他从不拍马逢迎。

有一次，正月十五的晚上赏灯，皇上大宴群臣。酒兴正浓的时候，宋太宗说：“正当五代之际，天下生灵涂炭，哀鸿遍野，周太祖自邺城南归，无论是当官的还是老百姓，无不惨遭虏掠，城野大火漫燃，天上彗星划过，看者无不心惊肉跳，以为天下再无太平之日。朕自当政之后，日理万机，从不敢懈怠，常想天下百姓，以至才有今日之昌盛景象。由此来看，无论是大乱还是大治，无不是人之所为，并非是什么天意啊！”大臣们听后，纷纷赞美皇上英明，把太宗拍得得意忘形。这时吕蒙正走到太宗面前说：“皇上在此设宴，百姓莫不云集在此，放眼望去满城灯火辉煌，确实一片繁荣的景象。臣不久前曾到城外，离城不数里就看到有许多人面露饥色，甚至还看到一些因饥饿而死的人。由此可见，天下并不都像我们眼前所看到的这样啊。愿陛下不但看到眼前的繁荣，而且也能看到远处正挨饿受冻的百姓，这才是天下苍生的幸事啊！”太宗听到这话，一时龙颜失色，群臣都不敢出声。过了好久，太宗才转怒为喜地说：“我得蒙正如唐太宗之得魏征，倘若做臣子的都能这样时时提醒朕不忘以天下苍生为念，国家哪里还会不富强，百姓哪会不舒心啊！”

◎文苑拾萃

破窑赋

（宋）吕蒙正

天有不测风云，人有旦夕祸福。蜈蚣百足，行不及蛇；家鸡翼大，飞不如鸟。马有千里之程，无人不能自往。人有凌云之志，非运不能腾达。文章盖世，孔子尚困于陈邦。武略超群，太公垂钓于渭水。盗跖年长，不是善良之辈。颜回命短，实非凶恶之徒。尧舜至圣，却生不肖之子。瞽叟顽呆，反生大圣之儿。

张良原是布衣，萧何称谓县吏。晏子身无五尺，封为齐国首相。孔明居卧草庐，能作蜀汉军师。韩信无缚鸡之力，封为汉朝大将。冯唐有安邦之志，到老半官无封。李广有射虎之威，终身不第。楚王虽雄，难免乌江自刎；汉王虽弱，却有河山万里。满腹经纶，白发不第；才疏学浅，少年登科。有先富而后贫，有先贫而后富。

蛟龙未遇，潜身于鱼虾之间。君子失时，拱手于小人之下。

天不得时，日月无光；地不得时，草木不长；水不得时，风浪不平；人不得时，利运不通。

昔时也，余在洛阳，日投僧院，夜宿寒窑。布衣不能遮其体，淡粥不能充其饥。上人憎，下人厌，皆言余之贱也。余曰：非吾贱也，乃时也，运也，命也。余及第登科，官至极品，位列三公，有挞百僚之杖，有斩鄙吝之剑，出则壮士执鞭，入则佳人捧袂，思衣则有绫罗锦缎，思食则有山珍海味，上人宠，下人拥，人皆仰慕，言余之贵也。余曰：非吾贵也，乃时也，运也，命也。

盖人生在世，富贵不可捧，贫贱不可欺，此乃天地循环，周而复始者也。

周瑜并非气量狭小之人

◎君子贵人而贱己，先人而后己。——《礼记》

周瑜（175—210年），字公瑾。汉族。庐江舒县（今安徽省庐江县西南）人。东汉末年东吴名将，因其相貌英俊而有“周郎”之称。周瑜多谋善断，精通军事，又精于音律，江东向来有“曲有误，周郎顾”之语。为人性度恢廓，雅量高致。208年，孙、刘联军在周瑜的指挥下，于赤壁以火攻击败曹操的军队，此战也奠定了三分天下的基础。210年，周瑜因病去世，年仅36岁。

三国时吴国的名将周瑜，年轻时就才华出众，仪表堂堂，容貌美好。他自小与孙策结下了深厚的友谊，后来帮助孙策向江东发展，建立了孙氏政权。198年，周瑜来到吴郡，孙策亲自迎接，并封他为建成中郎将。这一年周瑜才24岁。当地百姓见他年轻有为、英俊大方，都亲热地称他为“周郎”。不久，周瑜跟随孙策攻克了皖县。皖县的乔公有两个非常美丽的女儿，孙策娶了大乔，周瑜娶了小乔，由此可见两人关系之密切。一年后孙策遇刺身亡，他的弟弟孙权统理政事。从此，周瑜辅佐孙权，帮助掌管军政大事，在朝中获得了很高的声望。

周瑜性格开朗，气度宽宏，待人接物谦虚和气。为此，朝中文武大臣都爱和他交往，只有程普对周瑜不满。

程普也是东吴的名将，很早就跟随孙权的父亲孙坚，后来又帮助孙策经营江南，是孙氏政权中的元老。他见周瑜年纪轻轻，地位却处于自己之上，内心不服，所以常常倚老卖老。周瑜主持的军事会议，程普经常借故不来参加，还时不时地给周瑜出难题，给周瑜脸色看，借以抬高自己身价。周瑜是个宽宏大量的人，不愿和程普闹矛盾，所以处处克制，事事谦让，始终不与程普计较，更不与他发生冲突。不仅如此，周瑜还对程普非常尊重，经常主动征求他的意见，并努力做好自己的工作。

208年，曹操率兵20余万南下，结果在赤壁之战中被东吴和刘备的联军击败。在这次战争中，周瑜和程普分任吴军左右都督，但战斗的策略主要是周瑜制订的。事后，程普却贬低周瑜，夸耀自己。周瑜知道后不仅不予辩白，反说指挥这次战斗时自己还年轻，没有程公的帮助是不能取胜的。周瑜一再谦逊忍让，终于使程普有所触动。为了消除隔阂，周瑜又多次拜访程普，表达了自己对他的良好愿望。在这种情况下，程普终于被周瑜的诚恳态度所感动，抛弃偏见，与他融洽相处。

后来，程普对别人感叹说："跟周公瑾（周瑜的字）相交，好比啜饮味道浓厚的美酒，不知不觉就醉了。"

◎故事感悟

《三国演义》以"正统"的思想角度"尊汉贬魏"，同时也"贬吴"，故而把周瑜写得气量狭小，落得个气死的下场。然而，历史上的周瑜其实是个宽宏大量之人。周瑜如此宽容忍让，既多了朋友，又有利于国家的团结。

◎史海撷英

周瑜接待二蔡

诸葛亮草船借箭以后，又不谋而合地与周瑜一起提出了火攻曹操水旱大营的作战方案。恰在此时，已投降曹操的荆州将领蔡和、蔡中兄弟受曹操的派遣，来到周瑜大营诈降。心如明镜的周瑜便装聋卖傻，将计就计，故意接待了二蔡。一天夜里，周瑜正在帐内静思，黄盖潜入帐中来见，也提出火攻曹军的作战方案。周瑜告诉黄盖，他正准备利用前来诈降的蔡中、蔡和为曹操通报消息的机会，对曹操实行诈降计。并说，要使曹操中计，必须有人受些皮肉之苦。黄盖当即表示，为报答孙氏厚恩，甘愿先受重刑，尔后再向曹操诈降。因此，历史上有“周瑜打黄盖——愿打愿挨”之说。

◎文苑拾萃

念奴娇 · 赤壁怀古

（宋）苏轼

大江东去，浪淘尽，千古风流人物。
故垒西边，人道是，三国周郎赤壁。
乱石穿空，惊涛拍岸，卷起千堆雪。
江山如画，一时多少豪杰。
遥想公瑾当年，小乔初嫁了，雄姿英发。
羽扇纶巾，谈笑间，樯橹灰飞烟灭。
故国神游，多情应笑我，早生华发。
人生如梦，一尊还酹江月。

班超不计前嫌

◎君子贤而能容罢，知而能容愚，博而能容浅，粹而能容杂。——《荀子·非相》

班超（32—102年），字仲升。东汉著名的军事家和外交家。班超是著名史学家班彪的幼子，其长兄班固、妹妹班昭也是著名的史学家。班超为人有大志，不修细节，但内心却心细如发。他曾出使西域，在西域的31年中，以非凡的政治和军事才能正确地执行了汉王朝“断匈奴右臂”的政策，自始至终立足于争取多数，分化、瓦解和驱逐匈奴势力，因而战必胜、攻必取，不仅维护了祖国的安全，而且加强了与西域各族的联系，为我国多民族国家的形成、巩固和发展做出了卓越贡献。

班超是东汉时期著名的军事家、外交家。他出生于书香门第，父亲班彪、哥哥班固都是著名的史学家。班超从小刻苦勤奋，虚心好学，博览群书，并能把掌握的知识加以灵活运用。他才思敏捷，能言善辩，从小立下远大志向，一心想像张骞那样立功异邦，报效国家。

从汉武帝时张骞通西域以来，西域各国和汉朝长期以来保持着良好的密切关系。东汉初年，北方的匈奴日益强盛起来，征服了西域的许多部落，丝绸之路被切断了。73年，汉明帝下令出击北匈奴，班超投笔从戎，跟随窦固出征。他率骑兵突袭伊吾卢立下了战功。窦固很赏识班超的智谋和勇敢，派他出使西域。此后班超在西域度过了30余年的戎马生涯。在西域各国、各民族的支持和帮助下，终于迎来了中西交通史上继西汉之后的又一个繁荣期，为重开丝绸之路做出了杰出贡献。

班超的历史功绩，世世代代为人民所赞颂，他的坦荡胸怀也同样令人敬仰。

班超上书朝廷，称乌孙是西域大国，拥有10万军队，因此武帝将细君公主远嫁和亲，后来终于在宣帝朝得到过乌孙国的援助。如今还需要朝廷派遣使者去招抚慰问，以使乌孙国能与我们同心协力，攻打龟兹。章帝刘炟采纳了这个建议，班超便去结交乌孙国。乌孙国王派使者到长安来访问，受到汉朝的友好接待。使者告别返回时，章帝派遣卫侯李邑护送乌孙使者回国，随行还携带着赠送给大小乌孙王及其部属的许多礼物。

李邑等人经天山南麓到达于阗，恰逢龟兹攻打疏勒。他害怕路上出事，不敢再往前走。李邑担心朝廷怪罪自己，就上书朝廷称西域无法联络，并诋毁班超整天陪伴娇妻，拥抱爱子，沉醉于享乐之中，不愿意再回中原。还说班超联络乌孙、牵制龟兹的计划根本行不通。

班超知道李邑从中作梗，叹息说："我本非德行高尚的曾参，如今又有接二连三的谤言，恐怕难免被朝廷上下怀疑了。"于是毅然将妻儿送回朝廷。

汉章帝相信班超的忠诚，下诏责备李邑说："即使班超拥妻抱子，不思中原，难道跟随他的1000多人都不想回家吗？"并命令李邑归属班超，听从班超的指挥调遣。还另传文书通告班超：若李邑能在西域任职，便留他共事，不行便遣送回国。

李邑接到诏书，无奈只好硬着头皮去见班超。

班超不计前嫌，很好地接待了李邑。他改派别人护送乌孙的使者回国，还劝乌孙王派王子去洛阳朝见汉帝。乌孙国王子启程时，班超打算派李邑陪同前往。徐干劝谏班超说："李邑在于阗时曾亲口说你的坏话，破坏将军的名誉，败坏沟通西域的大业。现在正可以奉诏把他留下，另派别人执行护送任务。您怎么反倒放他回去呢？"

班超说："你怎么讲这么浅陋的话呢？如果把李邑扣下，那就显得气量太小了。正因为他曾经说过我的坏话，所以才让他回去。只要一心为朝廷出力，就不怕人说坏话。如果为了自己一时痛快，公报私仇，把他扣留，那就不是忠臣的行为。"

李邑知道后，对班超十分感激，发誓忠心报国，不再进谗言了。

◎故事感悟

从班超宽容李邑的事情来看，在处理复杂的人际关系时，胸怀大量、宽容他人不失为一剂利人亦利己的良药。班超对李邑不计前嫌，既让李邑有了惭愧之心，从此改过，于己也留下了宽容他人的美名。

◎史海撷英

班超出使西域

班超先到鄯善（今新疆罗布泊西南），鄯善王对班超等人先是嘘寒问暖，礼敬备至，后突然改变态度，变得疏懈冷淡。班超凭着自己的敏感，估计必有原因。他对部下说："宁觉广礼意薄乎？此必有北虏使来，狐疑未知所从故也。明者睹未萌，况已着邪。"

于是，班超便把接待他们的鄯善侍者找来，出其不意地问他："匈奴使来数日，今安在乎？"侍者出乎意料，仓猝间难以置词，只好把情况照实说了。班超把侍者关押起来，以防泄露消息。接着，立即召集部下36人，饮酒高会。饮到酣处，班超故意设辞激怒大家："卿曹与我俱在绝域，欲立大功，以求富贵。今虏使到裁数日，而王广礼敬即废；如令鄯善收吾属送匈奴，骸骨长为豺狼食矣。为之奈何？"众人都说："今在危亡之地，死生从司马。"班超说："不入虎穴，不得虎子。当今之计，独有因夜以火攻虏，使彼不知我多少，必大震怖，可殄尽也。灭此虏，则鄯善破胆，功成事立矣。"有部下说："当与从事议之"。班超大怒，说："吉凶决于今日。从事文俗吏，闻此必恐而谋泄，死无所名，非壮士也！"部下一致称是。

天刚黑，班超就率领将士直奔匈奴使者驻地。时天刮大风，班超命令10人拿着鼓藏在敌人驻地之后，约好一见火起，就猛敲战鼓，大声呐喊，并命令其他人拿着刀枪弓弩埋伏在门两边。安排已毕，班超顺风纵火，一时，36人前后鼓噪，声势喧天。匈奴人乱作一团，逃遁无门。班超亲手搏杀了3个匈奴人，他的部下也杀死了30多人，其余的匈奴人都葬身火海。

第二天，班超将此事报知郭恂。郭恂先是吃惊，接着脸上出现了不平之色。班超知道他心存嫉妒，便抬起手来对他说："掾虽不行，班超何心独擅之乎？"郭恂喜动颜色。班超于是请来了鄯善王，把匈奴使者的首级给他看。鄯善王大惊失色，举国震恐。班超好言抚慰，晓之以理，鄯善王表示愿意归附汉朝，并且同意把王子送到汉朝作质子。

◎文苑拾萃

班超

（宋）邹浩

功名从古病难成，况作天西绝域行。
纵有平陵同落落，其如卫侯尚营营。
杀妻吴起终遭逐，上疏鸿卿不免刑。
定远独能逢圣主，千年万岁蔼嘉声。

韩琦大度能容

◎不责小人过，不发人阴私，不念人旧恶——三者可以养德，也可以远害。——洪应明

韩琦（1008—1075年），字稚圭，自号赣叟，北宋政治家、名将。据记载，其父韩国华任泉州刺史时，即宋景德年间，与婢女连理生下他。后随父韩国华迁相州，遂为安阳（今属河南）人。熙宁八年（1075年）六月在相州溘然长逝，享年68岁。神宗御撰墓碑："两朝顾命定策元勋。"谥忠献，赠尚书令。韩琦"相三朝，立二帝"，当政10年，与富弼齐名，号称贤相。欧阳修称其"临大事，决大议，垂绅正笏，不动声色，措天下于泰山之安，可谓社稷之臣"。

韩琦是北宋三朝宰相。他性情深厚纯朴，心胸宽广，待人宽宏大量，人们尊称其为"韩公"。他曾经说："欲成大节，不免小忍。"

韩魏公担任定武统帅时，曾经在夜间写信，让一个士兵拿着蜡烛在他身旁照明。那个士兵向别处张望，没想到蜡烛倾斜烧到了韩魏公的胡子，韩魏公急忙用袖子掸灭了，照旧写信。过了一会儿，偶尔抬头一看，发现旁边拿蜡烛的人已经换了。韩魏公担心主管的官吏会鞭打那个士兵，急忙喊那个长官来，说："不要追究他啦，他现在已经懂得怎样持蜡烛了。"军中都很佩服韩魏公的宽厚大度。

他在大名府当知府时，有一位下属呈上公文，最后忘记署名。韩琦看完之后，用袖子盖住文件，抬头和他谈话，讲完又从容地把文件还给他。这位下属下来之后，才发现自己犯了不小的错误。一面自己惭愧，一面感叹说：韩公真是天下的盛德之人！

有人送他两只珍贵的玉制酒杯，说："这是上古传下来的宝贝，里外都没有一点儿瑕疵，可算是传世之宝了。"韩魏公用百两金子酬谢了献宝人。他格外欣赏和爱惜玉杯，视为珍宝。每次设宴招待客人，都要专门摆放一张桌子，把精美的绸缎铺上去，然后放上玉杯。有一天，韩魏公招待管理漕运的官吏，正准备用玉杯来斟酒劝客，忽然一位侍役不小心撞倒了桌子，两只玉杯都跌碎了。在座的客人们都很惊愕，那侍役也吓得伏在地上。韩魏公却神色未变，笑着对客人们说："世间一切东西的存亡兴废，都有一定的时间和气数在那里。"又回过头对那侍役说："你是不小心造成的，并不是故意的，有什么过错呢？"客人们都对韩琦宽厚的德行和度量佩服不已。

韩琦稳重宽厚有器量，什么都可以容忍。还在读书时，他的名望就已传遍天下。他曾经与同馆的王拱辰以及御史叶定基一起赴开封府，主持科举考试。王拱辰、叶定基经常因评卷而争论，而韩琦坐在幕室中阅卷，就像没有听见。王拱辰认为他不帮助自己，到他的房子里说："你是在修养度量吗？"韩琦也不争辩，只是和颜悦色地认错。

韩琦度量大，因而能化解矛盾、消融争端，从而做得成事。一次，韩琦与范仲淹议事，因意见不合，范仲淹拂袖而去。此时，韩琦自后面一把拉住范仲淹的手说："希文（范仲淹的字），有什么事不可以再商量呢？"此刻的韩琦和气满面，范仲淹见此情景，亦怒气顿消。

当众揭人短处、讲别人忌讳的事情，或者在背后议论取笑别人的弱点，这都是伤害别人的举动，只会制造矛盾、怨恨和隔阂，所以这些非君子所为。人人都有短处、弱点和失误的时候，所以应该多体谅别人，设身处地多为别人考虑，韩琦就是这样的人。

韩琦在做宰相期间，发现文书中有攻击揭露他人隐恶的文章，都会立即用手挡住，从没有让别人看见。

韩琦在陕西征讨叛军时，颜师鲁与李绩不和。颜师鲁在韩琦处谈论李绩的坏话，李绩也在韩琦处讲颜师鲁的坏话，韩琦都听着，却从不泄露出去，所以相安无事，否则就不得安宁。

◎故事感悟

大度是一种人生智慧，是一种道德境界，它主要靠不断的学习和历练才能获得。韩琦能够位列宰相之职，必定和他为人处事宽厚有气量有关，因为有气量的人豁达，故树敌少、交友多，对事业生活都是有益的。做一个大度的人，做一个心胸宽广的人，如此，事业亦能兴旺发达。

◎史海撷英

市易法

中国宋代政府设置专门机构，直接收售物资，参与交易，以平抑市场物价。这是王安石变法时在城市中推行的一项重要的新法。

市易法规定：在汴京（今河南开封）设都市易司，边境和大城市设市易务（共21个）。设提举官（政府指派）和监官、勾当公事官（吸收守法的可合作的商人担任），召募诸行铺户和牙人充当市易务的行人和牙人，在官员的约束下担当货物买卖工作。外来客商如愿将货物卖给市易务，由行人、牙人一道公平议价；市上暂不需要的也予“收蓄转变”，待时出售;客商愿与市易务中的其他货物折合交换，也尽可能给以满足。

市易法还规定：参加市易务工作的行人，可将地产或金银充抵押，由5人以上相互作保，向市易务赊购货物，酌加利润在市上售卖，货款在半年至一年内偿还，年利2/10，过期不归另加罚款。这实际是市易务批发、行人零售，市易务为商业机构与金融机构的结合。

市易法有平抑物价调剂供求的作用，限制奸商垄断居奇，把以前归于大商人的利得收归官有，增加财政收入。这一措施来源于桑弘羊的平准法，但有自己的特点：如“契书金银抵当”，“结保贷请”，召募行人、牙人为市易务工作等，都是王安石的新发展，与平准法的命吏坐市肆贩卖、不假手商人的做法有所不同。王安石去职，保守派上台，市易法被废除。以后虽有市易之名（或改用平准之名），而实际是低价抑买抬价出售的牟利营业。

◎文苑拾萃

郡圃春晚

（宋）韩琦

溶溶春水满方塘，栏槛风微落蕊香。
尽日杨花飞又歇，有时林鸟见还藏。
沉疴不为闲来减，流景知从静处长。
欲战万愁无酒力，可堪三月去堂堂。

大将曹彬仁恕

◎海纳百川，有容乃大；壁立千仞，无欲则刚。——林则徐

曹彬（931—999年），北宋名将。字国华。真定灵寿（今属河北）人。为人稳健，注重军纪。历任后汉、后周将领，宋初为客省使，太祖干德二年（964年）任大将，参加后蜀、南唐、金陵等大战，百战百胜，颇受百姓和士兵爱戴。其人心善，不杀降者，曹氏家人遂以“武惠”为堂号。后擢左神武将军兼枢密都承旨。功勋卓著却为人谦恭，从不夸耀自己的功劳，颇受人们尊敬。69岁病卒，赠中书令，追封济阳郡王，谥号武惠，配享太祖庙。

曹彬，宋代开国元勋。《宋史》对其做评价曰：“仁恕清慎，能保功名，守法度，唯彬为宋良将第一。”

曹彬原先是周世宗手下的官吏，负责在宫廷中掌管茶酒。当时赵匡胤位居将帅，内外官员大臣无不对其逢迎拍马。有一次，赵匡胤向曹彬要酒，曹彬说：“这是官酒，我不能给你。”然后自己买来酒给赵匡胤喝。

赵匡胤即位后，他对群臣说：“世宗的旧官员中，不欺骗世宗的，只有曹彬啊！”正是因为曹彬为人处事忠诚负责，所以，赵匡胤视其为心腹大臣，对其委以重任。

曹彬南征北战，立下赫赫战功。他曾经说：“我作为军队的将领，杀的人多啊！但是我从没有以个人的喜怒擅自杀过一个人。”曹彬统领千军万马，却能够不滥施权势，公私善恶分明，实在是难得。

北宋建国初，面临的政治军事局面比较复杂。在北方，与互为联盟的北

汉朝和辽国为敌；在南方，与吴、越、唐、闽、蜀诸国对峙。曹彬初为宋将就屡建奇功。干德元年（963年），他与王全斌等率骑兵攻北汉河东平阳县（今山西省临汾市），俘敌2000余人，并三胜敌援兵，改平阳县为平晋军，成为北宋在敌境中的重要堡垒。继而，又击退辽国6万援军，曹彬军威大振，升左神威将军，成为北宋的军事重臣。

宋太祖干德二年（965年）冬天，宋朝发兵讨伐后蜀，诏令刘光毅为归州行营前军副部署，曹彬担任都监。三峡一带诸郡县全部被攻克，宋军众将都想屠城以发泄其欲望，唯独曹彬三令五申：务必收敛怨愤，放下屠刀。结果，敌城守兵纷纷迎降，他所到之处，当地人民心悦诚服。太祖得知此事，下诏褒奖曹彬。两川平定，王全斌等人昼夜宴饮，部下不停地四处掠夺，蜀人深受其害。曹彬屡次提请回师，王全斌等人不理会。不久，全师雄等人起事造成祸乱，招众10万人，曹彬又与刘光毅在新繁击破乱军，终于平定了蜀乱。当时其他将领多抢掠妇女和玉帛，曹彬的行囊中只有诗书、衣服、被子而已。

还有一件事为后世广为传扬。在攻克成都之时，有些军士侵犯妇女，曹彬下令把这些妇女集中到一个地方，供应食物，并向兵士说：这些妇女是要献给朝廷的，不可侵犯，并派人严加保护。等局势较稳定后，曹彬立刻把这些女子全数送还她们的父母。

在宋太祖一朝，曹彬西征太原、南伐吴越，每战总是率先垂范，攻无不克，多有功勋。但是，在攻城略地的战争中，他始终极力反对滥杀，更反对屠杀无辜。开宝八年（975年），伐南唐，自三月至八月连破数城。之后，又包围了润州、金陵。在长期围城过程中，曹彬经常延缓部队的行动，希望南唐后主李煜投降。十一月，曹彬又派人告诉他说："形势已经这样，我所珍惜的是城里百姓的生命财产，假若你能归顺，方为上策。"城池将要攻破之时，曹彬忽然称病，不处理军务。主帅有病，部下诸将纷纷前来探视。曹彬说："我的病不是药物能治愈的，只有赖诸位诚心发誓，在攻下城池那天，不任意妄杀一个人，那么我的病就自然好了。"本来曹彬是主帅，他完全可以立下军令状：克城之日，妄杀一人者，杀无赦。可是他却没有这样做，正体现了他悲天悯人的仁心和普度众生的宽阔胸襟，他大概是想以此感化众将领不要生灵涂炭吧。于是众将领应承，一起焚香发誓：克城之日，不妄杀一人。曹彬当然是装病的，诸将许诺后就“病情逐渐好转”。《历史感应统记》如此赞叹曹彬云：“其示病也，正如维摩诘经所谓，因众生病，是故我病，一切众生疾疗，我疾乃疗，存心仁厚如此。古称三世为将，道家所忌，若彬之为将，正可广作功德，何忌焉！”

曹彬在朝廷从没有违逆过皇上的旨意，也从没有议论过别人的过失。他位居高官，却十分谦和，遇事多为民着想。在路上即使遇到士大夫的车子，曹彬也要让自己的车马避路让行。他从不直呼手下官吏的名字，表示对他们的尊重。每当有禀告事情的，即使是无名小吏，他都要整衣戴冠后才接见。曹彬没有因为官大就摆谱，不准别人的车挡道，反而是处处容人。

对于自己的僚属，他总是推己及人，宽宏大度。曹彬在徐州为官时，有一吏员犯罪，应处以杖刑，但曹彬却要一年后才杖罚他，人们都不知道原因。曹彬说：“我听说此人新婚，如果马上杖罚，他的父母必然以为是儿媳妇带来的不吉利，从而会日夜鞭打责骂她，使其难以立足。我拖延杖罚那个官员，于法也并不妨碍。”

雍熙北伐时，曹彬失利被降职，有位朝臣赵昌极力上言曹彬应受军法处罚。不久，赵昌因故被弹劾，不能上朝见帝，曹彬却不记前怨，替他向皇帝求情，方允许他上朝面见皇帝，足见曹彬待人宽厚、情操高尚。

曹彬德才兼备，大有“谦逊卑下”、“宽恕大度”的君子风范。曹彬死后，宋真宗哭得非常悲痛，每次与大臣们谈起曹彬，都痛哭流涕。后追赠曹彬为中书令，封济阳郡王，与宰相赵普同配飨太祖庙庭。后人尊称曹彬为一代大将。

◎故事感悟

北宋开国元勋曹彬可谓武将里面为人处世的典范。宋朝武将如云，个个驰骋沙场，豪气干天，曹彬在其中算是另类：在武将里他像个文臣，而在文臣里则是武将。有言：将军额上能跑马，宰相肚里能撑船！曹彬就是宰相式的武将，像他这样“做人务须宽容大度，以责人之心责己”的武将史上少有。

◎史海撷英

宋太宗灭北汉

宋太宗赵光义征北汉之前，颇有疑虑。他问大臣曹彬："周世宗与本朝太祖皇帝，皆亲征太原而不克，难道是因为其城池太过坚牢而不能接近吗？"老将曹彬，经验丰富，回答："周世宗时，大将史超在石岭关一战即败，上下震恐，不得不还军；太祖扎营于甘草地中，军人因水土原因多得腹疾下泄，也只得提军而返。太原城池虽坚固，但并非想象中那样不可攻克。"由此，宋太宗北伐之意遂决。宰相薛居正等人劝谏，不听。于是，宋朝遣潘美、崔彦进、李汉琼、曹翰、刘遇等大将，率各路兵马直趋太原。

而北汉的"皇帝"，此时是刘继元在位。辽得知宋朝出兵，马上派出北院大王耶律奚底率兵守燕地，以南府宰相耶律沙等人率军驰援北汉。

宋朝的云州观察使郭进乃沙场宿将，早已率军于石岭南扼守。辽耶律沙率前部人马行至白马岭，隔一条阔涧，正好看见宋军严阵以待。耶律沙想等后军赶至再进攻，但监军的辽宗室冀王耶律敌烈等人贪功，认定要趁宋军立足未稳，马上出击。于是，耶律沙只得下令辽兵进攻。未等这些下半身皆湿的辽军上岸，郭进率宋军迎头猛击，大败辽军。耶律敌烈父子以及耶律沙的儿子均被杀死。如果不是辽南院大王耶律斜轸及时带兵赶到，用劲弩射退宋兵，耶律沙等人也要被宋军割去人头。

此战告捷，各路辽军气沮，纷纷退军。刘继元惊惶之下，又派秘使把告急乞师信塞进蜡丸插入发髻之中，潜出太原城向辽朝方面狂奔。半路，北汉秘使被郭进逮个正着，并将其首级悬于阵前，城中守军陷入绝望之境。不久，北汉的驸马都尉卢俊从代州遣人向辽告急，辽军慑于宋军的威势不敢发兵相救。

宋军得势不饶人，连克太原周边重镇及战略要地。五月下旬，宋太宗本人也赶至太原城下，慰劳诸将，其本人亲披甲胄，不避矢石，亲自指挥攻城。宋军见皇帝亲自坐阵，"人百其勇，皆冒死先登"。刘继元帐下将校有不少人逾城投降，北汉守军渐渐不支。

宋太宗亲自草诏劝谕："越王、吴王献地归朝，或授以大藩，或位列上将，臣僚、子弟皆享官封，继元但速降，必保始终富贵！”

为了防止攻城宋军因伤亡生怒而屠城，宋太宗还指挥军队暂缓攻城。穷窘至极，北汉主刘继元只得亲自出城投降。赵光义没有食言，释罪不杀，授刘继元可检校太师，封彭城郡公，“给赐甚厚”。至此，宋朝灭北汉，得10州之地，共有3.5万多户。

◎文苑拾萃

病中书事

（唐）李煜

病身坚固道情深，宴坐清香思自任。
月照静居唯捣药，门扃幽院只来禽。
庸医懒听词何取，小婢将行力未禁。
赖问空门知气味，不然烦恼万涂侵。

石勒不计布衣之仇

◎世界上最宽阔的是海洋，比海洋更宽阔的是天空，比天空更广阔的是人的胸怀。——谚语

石勒（274—333年），十六国时期（西晋灭亡到北魏统一华北期间，当时南方则为东晋时期）后赵的建立者。从奴隶到皇帝，他是整个世界历史上唯一一人。石勒字世龙，原名匐勒，石勒这个姓名是后来汲桑替他取的。上党武乡（今山西榆社北）人，羯族。319年称赵王。谥号明帝，庙号太祖，安葬地高平陵，曾用年号：太和，建平。

晋元帝即位的第二年，匈奴族的汉国国主刘聪病死，汉国内部也发生分裂。刘聪的侄儿刘曜接替了国主的地位。他觉得用汉朝的名义并不能蒙骗中原人民，319年，改国号为赵。汉国大将石勒在反晋战争中扩大了兵力，不愿再受刘曜的统治，也自称赵王。

石勒是羯族人，他家世代是羯族部落的小头目。年轻的时候，并州（今山西太原）地方闹饥荒，他和部落失散了，曾经给人家做过奴隶、佣人，从事过耕田、沤麻等农业活动。有一次，石勒被乱兵捉住，关在囚车里。正好他的囚车旁边有一群鹿跑过，乱兵纷纷去追捕鹿群，石勒趁此机会逃走。

石勒受尽苦难，没有出路，就召集了一群流亡的农民，组成一支强悍的队伍。刘渊起兵以后，石勒投降汉国，在刘渊部下当了一员大将。

羯族人的文化比匈奴人要低。石勒从小没有像刘渊那样受过汉族文化教育，不识字。他担任大将以后渐渐懂得，要成大事业，光靠武力不行。他任用汉族士人张宾等为谋士，采取了许多休养生息的政治措施。他还收留了一批北方汉族的贫苦读书人，组织了一个“君子营”。

由于骁勇善战，加上有了张宾一批谋士帮他出谋划策，石勒的势力逐渐强大起来。到了328年，终于消灭了刘曜。过了两年，石勒在襄国（今河北邢台）自称皇帝，国号仍是赵。历史上把刘氏的赵国称为“前赵”，把石勒建立的赵国称为“后赵”。石勒称帝后，有一次，在都城襄国宴请家乡的亲朋好友和故人相识。大家叙齿列坐畅怀欢饮，叙述平生家常。席间，石勒前后左右寻找，就是不见自己当年的邻居李阳。

“李阳怎么没有来呢？”他奇怪地问。

乡亲们你看看我，我看看你，都不回答，欢快的宴饮气氛一下子冷了下来。一个胆子稍大的乡亲站起来回答说：“他不敢来。”

“为什么？”石勒更奇怪了。

“他说，他曾经冒犯过大王，打过大王。”

石勒先是一愣，继而好像想起了什么，哈哈大笑。

李阳不敢赴宴的确事出有因：原来当初石勒贫贱之时，曾与李阳为争夺沤麻池多次发生争执，甚至相互殴打。现在石勒当了赵王，李阳怕他报复，避之还来不及，又怎敢送上门来找死呢？

石勒大笑后说：“李阳是个壮士，有用之人。为沤麻池相争，那不过是我当老百姓时候的私怨。现在，我当以天下为己任，广纳人才，岂能计较过去的私仇呢？”说完，立即派人去请李阳。待李阳到来，石勒再次举行宴会，邀李阳同饮，并挽着李阳的胳膊说：“过去我厌恨你的老拳，你也饱尝了我的毒手啊！”说完又开怀大笑。

李阳刚来时还提心吊胆，不相信石勒真的会如此宽宏大度。至此才放下心来，与石勒相对而笑。石勒还当即赐予李阳一处豪门贵族的宅第，封了他一个参军都尉的官。

◎故事感悟

石勒能够宽怀大度，不计前仇，因此吸引了一大批读书人为他出谋划策。由于石勒重用人才，在政治上比较开明，后赵初期也出现了兴盛的景象。

◎史海撷英

黄瓜名字的由来

黄瓜原名叫胡瓜，是汉朝张骞出使西域时带回来的。胡瓜更名为黄瓜，始于后赵。

后赵王朝的建立者石勒，本是入塞的羯族人。他在襄国(今河北邢台)登基做皇帝后，对自己国家的人称呼羯族人为胡人大为恼火。石勒制定了一条法令：无论说话写文章，一律严禁出现“胡”字，违者问斩无赦。

有一天，石勒在单于庭召见地方官员，当他看到襄国郡守樊坦穿着打了补丁的破衣服来见他时，很不满意。他劈头就问：“樊坦，你为何衣冠不整就来朝见？”樊坦慌乱之中不知如何回答是好，随口答道：“这都怪胡人没道义，把衣物都抢掠去了，害得我只好褴褛来朝。”他刚说完，就意识到自己犯了禁，急忙叩头请罪。石勒见他知罪，也就不再指责。等到召见后例行“御赐午膳”时，石勒又指着一盘胡瓜问樊坦：“卿知此物何名？”樊坦看出这是石勒故意在考问他，便恭恭敬敬地回答道：“紫案佳肴，银杯绿茶，金樽甘露，玉盘黄瓜。”石勒听后，满意地笑了。

自此以后，胡瓜就被称做黄瓜，并在朝野之中传播开来。到了唐朝时，黄瓜已成为南北方常见的蔬菜。

◎文苑拾萃

洛阳咏古

（唐）司空图

石勒童年有战机，洛阳长啸倚门时。
晋朝不是王夷甫，大智何由得预知。

于頔大度

◎学一分退让，讨一分便宜。去一分奢侈，少一分罪过。加一分体贴，知一分物情。——《格言联璧》

于頔（?—818年），唐朝大臣。字允元。河南（今河南洛阳）人。后周太师谨七世孙，贞元中封好燕国公。历拜司空同中书门下平章事，终太子宾客。818年八月卒，谥厉，后改谥思。頔工书，其论诗推崇谢灵运，《全唐诗》卷四七三存其诗二首，《全唐文》卷五四四存其文三篇。

郑太穆做金州刺史时，曾写信给司空于頔。郑太穆傲睨自若，似无郡使之礼。信中说，你如南海的大鹏鸟，如天之砥柱，飞起来日月都会被遮掩；扇动翅膀，山岳也要倾倒。是皇上的重臣，各地官员的楷模。我郑太穆一家200多口人，分住在东西两京，挨饿受冻。我管理的地盘小，薪俸少，节衣缩食。现在，请你给我1000贯钱、1000匹绢、1000两银子、1000石米，再给我10名女婢、10名男仆。而且说："这对于你，不过是千树之一叶，但这一叶对于我，足以遮荫。对于你，又如大海的几滴水，对我，那就是一片大泽了。"于頔读了信，没有叹息，也无惊讶，只是说："郑太穆要的东西，依次各给一半。"因为当时军费开支很大，所以不能全给。

匡庐曾有一个叫符载的山人，他差了一个小童子持信到于頔那里去，要求给钱100万，把匡卢山买下来。于頔不但照给，还外赠纸墨、布帛。

还有一个叫崔郊的读书人，擅长文艺，住在一个穷县。崔郊跟他姑姑的婢女情深意笃，自订终身。崔郊后进京科举，欲高中后迎娶婢女。那婢女天生丽质，歌舞弹唱都能，是汉南一带最美的女子。崔郊的姑姑家境不好，就把这个婢女卖给了于頔，于頔非常喜欢这个婢女，给钱40万，备加宠爱。崔郊回来后对这个女子思念不已，常跑到于頔府的附近，盼望能见到女子一面。女子在寒食节那天果然出了门，崔郊等在柳树下，两个人相见，饮泣不已，发誓终生相爱。崔郊赠女子一诗："公子王孙逐后尘，绿珠垂泪滴罗巾。侯门一入深似海，从此萧郎是路人。"同行中有人生崔郊的气，就把这首诗写下来，贴在厅里。于頔看到这首诗，叫人把崔郊召到府上，左右的人猜不出他的用意。崔郊也提心吊胆，但又逃不掉，只好去。于頔见了崔郊，握着他的手说："'侯门一入深似海，从此萧郎是路人。'是先生写的呀？ 40万是一笔小钱，怎能抵得上你这首诗呢？你应该早一些写信告诉我。"于是马上让两个有情人一起归去，并且赠送了很丰厚的妆奁。

当初，有从零陵来的人说，在太守戎昱家的酒席上看到了一个歌唱得好又很漂亮的女子。于頔就让人召她来，戎昱官小不敢抗命，拖了一个多月，才把那女子送来。于頔就让她唱歌，那女子唱的歌词"宝钿香娥翡翠裙，妆成掩泣欲行云。殷勤好取襄王意，莫向阳台梦使君"就是戎昱所写；所弹乐器，也是戎昱所赠。于頔说："唉，大丈夫应该建功立业，为后世楷模，岂能夺人所爱，供自己玩乐？"于是，赠给很丰厚的礼品，并亲自写信向戎昱道歉。

云溪子说："晋朝王敦把乐伎送给士兵，隋朝杨素送还赵德言的妻子，都是不贪财色的榜样，这是少有的，被称为雅谈。历代做宰辅的人，没有超越于頔这种大器量的。"

◎故事感悟

君子有德，对无礼于自己的人能宽容不计较，能成人之美，能不夺人所爱。于頔就是这样的君子，豁达有气量，愿意牺牲自己而成全别人。

◎史海撷英

太子宾客

官名。唐代始置。为太子东宫属官，掌调护侍从规谏等。宋、元、明因之，多以他官兼任。清不立太子，不设。《新唐书·百官志四上》：“太子宾客四人，正三品。掌侍从规谏，赞相礼仪，宴会则上齿。”

战国时，宾客系指依托权门的游士、食客。他们一般不参加生产劳动，由主人供养，为其服务，在法律上还保有平民的身份，虽有主从关系，但人身是自由的。

汉代时投靠在贵族、官僚、豪强门下的一种非同宗的依附者，也称宾客。为主人营治产业，出谋划策，奔走效命，乃至在主人指使下侵凌小民，鱼肉乡里，甚至盗掠财物，杀人越货，充当剥削压迫人民的工具。

◎文苑拾萃

郡斋卧疾赠昼上人

（唐）于頔

夙陪翰墨徒，深论穷文格。
丽则风骚后，公然我词客。
晚依方外友，极理探精赜。
吻合南北宗，昼公我禅伯。
尤明性不染，故我行贞白。
随顺令得解，故我言芳泽。
霅水漾清浔，吴山横碧岑。
含珠复蕴玉，价重双南金。
的皪曜奇彩，凄清流雅音。
商声发楚调，调切谱瑶琴。

吴山为我高，霅水为我深。
万景徒有象，孤云本无心。
众木岂无声，椅桐有清响。
众耳岂不聆，钟期有真赏。
高洁古人操，素怀夙所仰。
觌君冰雪姿，祛我淫滞想。
常吟柳恽诗，苕浦久相思。
逮此远为郡，蘋洲芳草衰。
逢师年腊长，值我病容羸。
共话无生理，聊用契心期。

不值得报复

◎能与忠良，吉孰大焉。——《左传·成公十七年》

韩安国（?—前127年），字长孺。汉族。梁县成安（今汝州小屯村北）人。曾在山东邹平县田生家里学习《韩子》及杂家学说，后来在梁国（国都在商丘）梁孝王朝内当中大夫。安国文精武备，能言善辩，七国之乱时，韩安国为将，击退吴兵于梁国东界，后又当使臣往长安以动人的言词疏通了梁孝王刘武与汉景帝的关系。他也因此而扬名。

西汉人韩安国，曾在梁惠王手下做大夫，后来犯罪入狱，狱中的小吏田甲侮辱他。韩安国说："死灰难道不会复燃吗？"田甲说："真是这样，我就用尿熄灭它。"过了不久，梁国内史一职空缺，汉朝委派韩安国为梁孝王（汉景帝之弟）的内史。田甲知道这个消息后很害怕，就逃跑了。韩安国说："田甲不回来就职，我就诛灭他一族。"田甲负荆请罪，韩安国笑着说："你这种人还值得我去报复吗？"

◎故事感悟

以上故事告诉我们韩安国用计将得罪他的田甲招回来，并没有杀他一族，而只是告诉他以前的事已经过去了，不要再介意了，这点小事不值得我去报复。韩安国如此大度，实在令人佩服。

◎史海撷英

文武双全的虞诩

虞诩是东汉中期的名将，他是陈国武平人，12岁的时候就能读通《尚书》。他很小的时候父母就去世了，他和奶奶相依为命。他对奶奶非常孝顺，县里推举他为顺孙，表彰了他。陈国国相认为他是个能人，想任用他为吏，但他以奶奶年老、需要人奉养而推辞了。他奶奶去世后，他直至服丧期满后才应召到太尉府当郎中。

东汉元初二年(115年)，西羌攻武都(治所在今甘肃成县西)。这时正是邓太后临朝，代十三岁的汉安帝处理国家大事。眼看羌族军队要攻陷武都，而且仍有南下之势，邓太后闻虞诩有将略，令其为武都太守。虞诩率三千兵马往武都。羌军早就知道虞诩很厉害，听说汉朝派他前来征讨，感到很紧张，羌人首领便率领几千人马，在陈仓(今陕西省宝鸡东)道上崤山山谷(大散关)凭险设防，想在这里堵住虞诩军队的进攻。虞诩立即命令随行人马停止前进，并且宣称已上奏朝廷请兵增援，要等援军到来再一起进发。羌人闻知这一消息，为其所惑，就分头到邻近的县城去抢掠。留在崤谷的少数羌军，也觉得虞诩一时不会进攻，放松了警惕。虞诩趁机日夜兼行，每天推进百余里。并且命令将士们每人挖两个灶坑。以后每人每天再增挖两个。羌人见灶坑天天增加，以为汉军有了援军，便不敢逼近他们。

有人问道:“以前孙膑用的是减灶的计策，现在您却用增灶的计策，而且兵法上说每天行军不要超过30里，好保持士兵的体力以防意外，而您却一天行军将近200里，这是为什么呢？”虞诩回答:“现在敌众我寡，走慢了万一被追上就麻烦了，走快的话，敌人就不知道我们的底细。至于增灶嘛，那是为了让敌人以为武都已经派来了援兵，这样敌人以为我们人多，走得又快，那么就不敢来追了。孙膑是故意示弱，而我是故意示强，这是因为形势不同的原因。”羌人果然不敢来追赶，虞诩他们顺利抵达了武都。

◎文苑拾萃

酷吏黄昌

黄昌是会稽余姚人，他出身贫寒，但他的家在学宫附近，平时经常见到儒生在学宫里面学习，很是羡慕。于是他也对学问产生了兴趣，到处拜师请教，学习儒家经典。后来他因为熟悉法律条令，被征召到郡府里担任决曹。当时州刺史到各郡巡视，在余姚见到了黄昌，经过交谈后，发现他是个人才，很赏识他，委任他为自己的幕僚。

黄昌工作兢兢业业，颇有政绩，很快就升任为宛县令。他处理政事非常严厉凶狠，喜欢揭发坏人坏事，但处理手段却过于残酷。有一次有人偷了他的车盖，黄昌开始没有声张，等到偷车盖的人松懈下来，他才突然派亲信搜查，最后在他部下贼曹的家里搜到了丢失的车盖。按说这也不是什么大罪，顶多把贼曹革职，再打一顿板子也就完事了。但黄昌心狠手辣，他居然下令把贼曹全家都抓了起来，然后全部处死。这件事让他威名远扬，当地的大家世族都吓得发抖，称黄昌为神明。

黄昌当了4年的蜀郡太守，后来被征召改任陈国相。当地的彭氏是有名的土豪，平时一向行为放纵。他家修筑了一栋大房子，在路边盖了座高楼。黄昌每次巡视路过的时候，彭家的妇女都喜欢登上高楼看他。这是不符合当时的礼教规定的，黄昌很不高兴，下令把那些登上高楼看他的妇女全部抓了起来，投进监狱，然后给她们定下罪名，全部杀掉了。这件事平心而论，黄昌做得实在过分，虽然彭氏是土豪，但并没有触犯法律，妇女擅自抛头露面虽然不被允许，但也够不上死罪，黄昌对这件事的处理加重了他滥杀的名声。

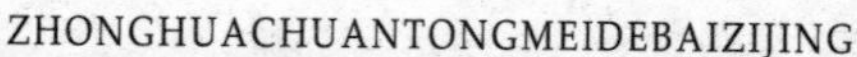

中华传统美德百字经

恕·推己为恕

第二篇

设身处地推己及人

卓还来两次拒营救

◎欲温而和畅，不欲察察而明切也。——《晋书》

卓还来（1912—1945年），汉族。福建闽侯人。乳名阍阍。优秀的外交家，1945年牺牲于日寇屠刀之下。

卓还来12岁以前，在接受学校教育的同时，亦随家教习读一些古书古训和诗词歌赋。尤其是文天祥的《正气歌》和司马迁的“人固有一死，或重于泰山，或轻于鸿毛”的名言警句，对他的成长和发展有着深刻的影响。在北京汇文中学毕业时，卓还来荣获文科榜首，以“成绩优异”被保送进燕京大学。1933年，卓还来以“荣誉生”毕业于燕京大学政治学系，后赴法国、英国学习。三年后，卓还来学成归国。1937年，卓还来离沪赴越南西贡任副领事。卓还来赴任时，正值中日战争爆发，南京沦陷，民国政府西迁重庆。但卓还来忠于职守，工作井然，一如既往地抚慰侨胞，联络国际友人。

1940年7月，卓还来调升北婆罗洲山打根领事馆领事，兼管沙捞越华人事务。

1942年1月19日，英属北婆罗洲山打根陷于日军之手。卓还来以及领事馆人员还没来得及撤退，就被日军包围。日军杀气腾腾，把刺刀架在卓还来颈上，强迫他与日军合作，但遭严词拒绝。日军向他索要领事馆档案，卓还来指着档案炉灰对日军说：“全部在此，可以取去。”日军大怒，当即将卓还来等人逮捕。

1944年9月，卓还来及其他难友共10人被解押往亚庇监狱。当时他患牙疾和胃病，华人朋友李道生送药，黄武春为他调服，如此接济，直到1945年2月底。有一次，卓还来被空袭的飞机投下的燃烧弹灼伤面部、右耳及手部，李道生到监狱看望他，亲自为他敷药，经细心治疗，不久痊愈。

后来为避开盟军轰炸，日军将卓还来等人移禁保佛监狱。在狱中，卓还来常与难友李高洁交谈，一起与其他难友分享家属送来的食品。当地华侨医生王逸生常为他治病。除看病和提供食品外，王逸生还将外面的新闻告知卓还来。

有一次，卓还来在盟军继续轰炸时到附近防空洞躲避空袭，在那里获悉当地侨胞计划掩护他逃离监狱的消息。他语重心长地劝慰他的朋友："有你们帮助，我要逃走是很容易的。可是，有双十节游击队事件的教训，日军找不到我，全地区的侨胞可能因此遭殃。我在狱中近4年，艰苦生活也过了，现将接近和平与世界停战的时候，我不应该抛弃你们而逃走。"说后，他又勉励王逸生等人："不要灰心，不要忘记祖国，祖国是不会忘记我们的。要耐心地等待胜利的来临，中国必将成为世界强国。"卓还来不计个人生死安危，以侨胞安全和生命为重，与他们同生死共患难的精神感动了周围的朋友。

1945年4月中旬，日军为避开盟军轰炸，又将卓还来与英、美籍四名难友转移到根地咬监狱。同年5月，在盟军轰炸根地咬机场之后，日警强迫卓还来等人于深夜去机场填补被炸弹坑。卓还来了解日军修机场的用意，予以拒绝。他致书给日警当局，陈述自己是拘留者，而非战争俘虏，不应如此虐待。对此日警当局不但不予理采，反而对他进行辱骂。6月，盟军轰炸愈来愈烈，日军疲于奔命，又忙于疏散机关。卓还来等人则由当地警察带往附近山林躲避。

6月16日，当地侨胞再次表示愿意带他逃走或暂时隐蔽起来。卓还来说自己是中国政府驻北婆罗洲外交官，受千千万万华侨之寄托，早置生死于度外。他深知日军的残酷，如果自己逃脱，不但同囚难友受累，而且会殃及当地侨胞。一人脱险，万人受罪，于心何忍！他宁愿牺牲自己，也要顾全所有侨胞生命财产，他再次谢绝营救。

1945年6月，在盟军强大的反攻下，在婆罗洲岛的日军知道末日来临，因而更疯狂地杀害被捕者。7月6日凌晨3点半左右，根地咬日本警察长阿部木内中佐、芥山光谷中尉持火炬来到监狱，喊醒睡梦中的卓还来和英、美籍四难友说："盟军轰炸各地，恐不安全，你们迅速收拾行李，暂避兰斗。"卓还来知道情况不妙，但仍镇静自若。5时许，根地咬机场附近丛林枪声大作，卓还来及英、美难友四人被日军枪杀。他献身时年仅34岁。

卓还来英勇就义的消息震撼了东南亚华人世界。抗日胜利后当地人民十分怀念这位抗日烈士，为纪念他，1947年在山打根修建了约一米多高的纪念墓碑——"卓还来领事被害纪念碑"。1959年7月6日又建立了第二座纪念碑——"卓领事暨同难四人纪念碑"。

日本宣布投降后，盟军着手调查卓还来领事及英、美籍四人被杀害的情况。纳闽民政团派北婆罗洲亚庇省长伊凡乘飞机前往根地咬实地调查，证实卓还来领事及英、美难友四人确被日军枪杀，杀害他们的刽子手是日军警长阿部木内中佐、芥山光谷中尉。随即日军的刽子手被捕，解往新加坡监狱，经审讯后刽子手不得不承认其罪行。1946年9月20日上午9时，两名刽子手在新加坡樟宜监狱被英军处以绞刑。

◎故事感悟

卓还来以侨胞的生命和安全为重，不愿因为自己一人的逃脱而殃及同囚难友和当地华侨。这种设身处地为他人着想的精神使卓还来两次放弃被营救的机会，最终慨然就义。他舍己为人的精神是后人的宝贵财富。

◎史海撷英

异域忠魂感动中外

日本投降后，根据知情者提供的线索，人们很快找到了9位烈士的遗骸。日军的暴行和英烈们的事迹也随即公布天下，在国际上引起强烈反响。

1946年，经盟军军事法庭审判，杀害卓还来等9名中国外交官的重要战犯山下奉文、太田清一、阿木内中、芥山光谷等人被处以死刑。

1947年7月7日，国民政府派专机到菲律宾迎回杨光泩等9位外交官烈士的遗骸，菲律宾总统哈罗斯送了花圈，旅菲侨胞万余人到机场洒泪相送，马尼拉华侨举行公祭仪式，下半旗致哀。7月8日，国民政府在南京举行盛大公祭仪式。同年9月3日，抗战胜利纪念日当天，9名烈士的遗骸被安葬在南京雨花台。当时的美国驻华大使司徒雷登在悼词中感叹："然于其效命不屈之坚贞，竟使当地日军不惜一切国际信誉以戕贼外交官吏，亦不禁引以为荣也。"

为纪念卓还来等9名中国外交官的功绩，爱国侨胞集资在马尼拉和北婆罗洲分别为他们建立了纪念碑。

◎文苑拾萃

卓还来的父母为其题写挽联

卓还来的父亲卓君卫题："亡儿还来殉职婆罗洲，壮其临难不苟，为国捐躯，以此挽之。壮志未酬，可怜惨祸飞来，仅以英名传史册；佳儿永诀，哪堪暮年悲痛，勉将好语慰孤孀。"

母亲聂筱舜题："还来儿殉职婆罗洲，诗以哭之，悲伤之语，不计其工拙也；噩耗惊传摧肺肝，胡奴残暴绝尘寰，历年国耻曷昭雪，恸哉还儿竟不还；被禁三年志不变，伤哉惨祸竟飞来，男儿赴义原无惜，未睹倭奴受制裁；哭儿一字一心伤，设奠招魂事渺茫，异域留芳传史册，捐躯为国亦堂皇。"

袁衷母宽容化世仇

◎人之谤我也，与其能辩，不如能容。人之侮我也，与其能防，不如能化。——弘一大师《格言别录》

袁衷（生卒年不详），初名表，字坤仪，号了凡。魏塘镇人。少即聪颖敏悟，卓有异才，对天文、术数、水利、兵书、政事、医药等无不研究，补诸生。明嘉靖四十四年（1565年）知县辟书院，令高才生从其受业。万历五年（1577年）会试，因策论违主试官意而落第。著作有《祈嗣真诠》、《皇都水利考》、《春秋义例》、《论语笺疏》、《袁氏易传》、《史记定本》、《袁氏政书》、《袁了凡家训》、《袁了凡纲鉴》、《群书备考》、《历法新书》、《中庸疏意》等，其中以《袁了凡家训》流传较广。

明代人袁衷的继母李氏是个心地善良、待人宽厚的人。她对袁参坡前妻王氏所生的两个儿子袁衷、袁襄视如己生，比亲生儿子要求更严，关心照顾他们比自己亲生儿子更多。她自己的亲生儿子袁裳记载，一个夏雨初霁的日子，袁参坡要几个儿子赋诗。袁裳的诗先写好，父亲读了击节称赞。这时正巧有人送来葛布，父亲便让裁缝做了一套衣服作为奖励。等母亲李氏知道了这件事以后，对他说："二兄未服，汝何得先？且以文字而遽享上服，将置二兄于何地？"说完，将袁裳的新衣硬是脱下藏了起来。等到给袁参坡前妻的两个儿子都做了一套同样的衣服以后，才让袁裳穿。

袁参坡的二儿子袁襄说："母亲疼爱我们兄弟超过她亲生的。冬天还没有到，她就想到为我们准备棉衣；还没有饿，就想到为我们准备食物；亲戚有时送了些水果食品，也一定要留给我们吃。直到长大成家后，也还是这样，跟小时候没什么区别。"袁襄的妻子因为继母恳切深厚的情意而感动得掉下眼泪，对丈夫说："即使亲生母亲，又怎么赶得上呢？"以心换心，袁参坡前妻的两个儿子对李氏也极为孝敬，他们的媳妇在娘家哪怕拿来一点点东西，也不肯私下尝一口，一定是先奉送给母亲吃。

一天，袁襄家正好得了一条鳜鱼，袁襄妻子亲自烹调后，叫童仆胡松端着送去，可胡松偷偷地吃了。过了一小会儿，袁襄妻子见了李氏，问道："鳜鱼还勉强可以吃吧？"李氏愣了好半天，说："还不错。"袁襄妻子开始怀疑了，下来审问胡松后，才知道是他偷吃的，忙去拜见婆婆道："鳜鱼没有送到，却说还不错，这是怎么一回事？"婆婆笑着说："你问我鳜鱼好不好吃，那就一定献上了。我没有吃到，那一定是胡松偷食了。我不想因为一点食物的缘故，让小孩子受惩罚。"她就是这样的宽厚仁慈。

特别使人感动的是，李氏对丈夫前妻之子的关心绝非仅仅是在生活上。为了培养孩子孝亲敬长的品质，为了使他们记住亲生母亲的养育之恩，李氏居然每天都虔诚地亲自带领两个不懂事的孩子祭奠他们的生母。长子袁衷深情地回忆到："先母没，期年，吾父继娶吾母来时，先母灵座尚在。吾母朝夕上膳，必亲必敬，当岁时佳节，父或他出，吾母即率吾二人躬行奠礼，尝洒泪曰：'汝母不幸蚤世，汝辈不及养，所可尽人子之心者，惟此祭耳。'"

做后母的，谁不希望丈夫前妻的孩子忘记自己的生母？更何况如袁衷所说，"予辈不自知其非己出也"。四五岁的孩子，基本不太记事，而李氏反倒这样做，足见其博大的心胸和崇高的人格，

李氏的高风亮节尤其体现在她对邻居沈氏的宽容和忍让。近邻沈氏与袁家是世仇。袁家有一株桃树，树枝伸到墙外，沈家擅自就将树枝锯掉了。袁家兄弟见了，跑去告诉李氏，李氏说："这是应该的。我们家的桃树怎么可以随便长到别人的地面上去呢？"沈家有棵枣树也有一枝伸到了袁家墙内，枣子刚结出来时，李氏就嘱咐儿子们：不许吃邻居家的一枚枣！并让仆人好生守护。等到枣子熟了，就差人请了沈家的女仆过来，当面摘了枣子，用盒子装好送还给沈家。

还有一次，袁家的羊跑到沈家的园子里，立即被沈家打死了；次日，沈家有一只羊正巧也窜到袁家来，仆人们大喜，正想把羊打死，以解昨日之恨，

被李氏拦住，命人马上送还给了沈家。更让人敬佩的是，沈家人生了病，不仅袁衷的父亲袁参坡亲自上门诊治，以药相赠，而且李氏还动员邻居们为沈家捐款，说："有病互相体恤，这是邻里的情谊。如今沈家有病人，家里贫困，大家各出五分银子帮助他。"袁家还独自送给沈家一石米。正是因为李氏的宽容大度，化解了两家的矛盾和仇恨，使得"沈遂忘仇感义，至今两家姻戚往还"。

李氏不仅与邻居相处时宽容大度，对待陌生人也是一样的仁慈。有一个富家子弟乘着条大船娶亲经过李氏门前的河流时，风雨大作，大船撞倒了袁家的船坊。邻居们揪着那船上的人，要求他们赔偿。李氏听说后，问道："新娘子在船上不？"有人回答："在船上。"李氏便请邻居立即放人家走，她说："人家娶媳妇要图个吉庆，如果在路上赔偿别人银钱，回去后公婆会认为新媳妇不吉利。况且我家的船坊年久已朽，快要倒塌了；他们的船大，风又急，无力掌握，就宽恕了他们吧！"众邻居听从了李氏的话，都对她的宽容大度赞不绝口。

袁襄还谈到，自己小时，有次家童阿多送他和哥哥上学，回来时，见路边的蚕豆刚熟，阿多就摘了一些。母亲见了，严肃地教育他们说："农家辛苦耕种，就靠这些作为口粮，你们怎么能私摘人家的蚕豆呢？"说完，命送一升米赔偿人家。

李氏每次购买柴米蔬菜之类的东西，付人银子时平秤都不行，她总是再加上一点，袁裳对此很不理解。李氏利用这件事，教育儿子宁可自己吃亏、也不让人家吃亏的道理。她开导儿子说："细人生理至微，不可亏之。每次多银一厘，一年不过分外多使银五六钱，吾旋节他费补之，内不损己，外不亏人，吾行此数十年矣，儿曹世守之，勿变也。"正因此，袁衷在《庭帏杂录》中记载此事及母亲的话后，接着告诫后辈："为吾子孙者，幸勿忘此语。"

◎故事感悟

孟子说过，敬人者，人恒敬之；爱人者，人恒爱之。总是为别人着想的人，别人也会时刻想着他、尊敬他。袁表继母李氏不论对家人，还是对下人、邻居，都能大度包容，以言传身教告诉袁氏兄弟要宽厚待人。

◎史海撷英

“大议礼”之争

明武宗朱厚照死后无嗣，由其堂弟朱厚熜继承大统。朱厚熜刚刚即位就想追封父亲兴献王为皇帝，母亲为皇后，并立庙京师，下令让礼部商议。而首辅杨廷和与礼部尚书毛澄则主张朱厚熜应以孝宗为皇考，以兴献王及妃为皇叔父母。朱厚熜十分不满。正德十六年（1521年）七月，进士张璁（议礼派）上疏说，朱厚熜的即位是继承皇统，不是继承皇嗣，即所谓的“继统不继嗣”，同意为兴献王立庙京师。朱厚熜召见杨廷、毛澄等，下令尊其父为兴献皇帝，母为皇后。杨廷、毛澄（护礼派）不从，其后双方争执不下。朱厚熜竟以不上朝相要挟，这就是历史上的“大议礼”事件。朱厚熜即历史上有名的嘉靖帝。

由于议礼派逐渐占据上风，护礼派群臣决定集体向皇帝进谏，于是包括九卿23人、翰林20人、给事中21人、御使30人等共200余人的庞大队伍，集体跪在左顺门外，哭声、喊声震天，嘉靖皇帝派人将为首的几位大臣押入监狱，群臣情绪更加激愤，左顺门前出现骚动，皇帝杀心顿起，将134人逮捕，86人待罪，一时间锦衣卫从四面八方围来，左顺门前血迹斑斑。左顺门事件以皇帝的胜利、护礼诸臣的失败告终，嘉靖帝终于如愿地将父亲追尊为睿宗，并将神主入太庙，跻在武宗朱厚照之上。这次事件致使许多正直的大臣或死或引退，而佞臣却乘机窃取了朝政大权，使弊政重兴。通过这件事，嘉靖皇帝不仅实现了追封自己父亲为皇帝的愿望，而且树立了新皇的威信，开始了他的专制统治。

子罕为邻居着想

◎东海广且深，由卑下百川；五岳虽高大，不逆垢与尘。——曹植《当欲游南山行》

宋平公（生卒年不详），本名子成。宋共公之子。宋国第二十五任君主。共公十三年（公元前576年），共公去世，华元做右师，鱼石做左师。司马唐山杀死太子肥，又打算杀死华元，华元要逃亡到晋国，鱼石阻止了他，到了黄河又折回来，杀死了唐山。于是，立共公小儿子成为王，这就是平公。

宋平公三十年（公元前546年），宋国大夫向戌再次发起弭兵之会，在宋都举行十四国之弭兵会议，确定晋、楚共为霸主。平公在位44年而卒，太子佐继位，是为元公。

乐喜是春秋时期宋国的丞相，字子罕，因其曾任司城（相当于宰相）之职，所以也被称为司城子罕。子罕仁厚大度、贤能仁德，很得民心。他虽是朝中的大官，却长年和老百姓居住在一起。他的邻居都是普通的平民。子罕从不以此为卑贱，也从不仗势凌人，反而温厚待人，处处替邻居着想。

子罕的南邻是个鞋匠。鞋匠家的屋墙就伸到子罕的门前，把好端端的一个大门挡住了一半，进出都要绕开走，很不方便；子罕的西家地基高，水渠就从子罕的屋室流过，一到盛夏就臭气冲天。但是子罕从来没有为难邻居。

有一年，楚国准备攻打宋国，楚王便派士尹池出使宋国去探听虚实。子罕接见了士尹池，并在家中设宴招待他。士尹池看到子罕住房周围的环境，对堂堂朝廷官员竟然居住在这么差的环境中感到奇怪，便问子罕："南家的屋墙伸到你门前，行动极不方便，你怎么不让他们搬家呢？"

子罕宽厚地笑了笑，回答说："南家三代是鞋匠，我要是把他赶到别处，人们不知道他的住处，他做的鞋卖不出去，全家人就没有饭吃。为了这个缘故，所以我不能让他们搬走。再说，他也没有完全挡住我家的门，我只不过绕开几步走罢了，没有什么大不了的。”士尹池顿时说不出话来。过了一会儿，他又忍不住问：“西家的水渠经过你的屋室，既不雅观，又有一股臭味，你怎么也不禁止呢？”子罕看了看士尹池，很严肃地说：“西边邻居家院子地势高，我家院子地势低，积水流过我家很便利，所以我也不能禁止。总不能因为我做官，就让水从低处倒流回西家吧，这不是损人利己吗？”

士尹池听了，对子罕非常敬佩。虽然这只是对待邻居的小事，但能看出子罕身居高位，却能处处体恤百姓的难处，替百姓着想。

士尹池回到楚国，楚王正要发兵攻打宋国，士尹池劝阻楚王说：“不能攻打宋国呀。宋国的君主贤明，国相更是仁慈，他们深得百姓的爱戴，百姓都会为他们尽力打仗。楚国要打宋国，大概不会成功，失败了还要被天下人耻笑。”楚王听从士尹池的劝告，没有攻打宋国。孔子听说这件事后，赞赏子罕说：“在朝廷上修养自己的品德，却能制胜敌军于千里之外，就是说的子罕吧。”当时的宋国南有楚国、北有晋国、东有齐国这三个强国包围，但都不敢对其进行侵犯。

鲁襄公二十九年，郑国发生饥荒，而当年的麦子还未收割，老百姓困苦不堪。担任上卿的子皮根据父亲子展的遗命，给国内的人分发粮食，每户一钟，郑国人没有挨饿。子皮也得到了郑国百姓的极大拥护。子罕听说这一情况后，说：“多做善事，这是百姓所希望的。”后来宋国也发生了饥荒，子罕请示宋平公，要求拿出公室的粮食借给百姓，让大夫们也都把粮食借出来。子罕不仅让自己的家族借粮食给别人，不写借据，不要求别人归还，同时还以那些缺乏粮食的大夫的名义，借给百姓粮食。宋国百姓因此也没有挨饿。

晋国的叔向听说这些情况后，说：“郑国的罕氏（即子展、子皮的家族）、宋国的乐氏（即子罕的家族）肯定会长盛不衰，他们应该都能够执掌国家的政权吧！这是因为民心都已归向他们了。以其他大夫的名义施舍，而不是只考虑树立自己的德望名声，在这方面子罕更胜一筹。他们将与宋国共存亡吧！”

◎故事感悟

身为宰相的子罕能不仗势欺人，为民着想，为他人树立名望而不是只考虑树立自己的名声，这种不计个人利益、设身处地为人着想的精神值得我们后人学习。

◎史海撷英

战国名将赵奢

赵奢是战国时期与廉颇一样驰名的赵国大将。可是，关于他的生平事迹，史书记载的却很简略。赵惠文王时，赵奢以一个平民的身份投在平原君赵胜门下作食客。由于平原君的保荐，他才当了一个田部吏（主收田赋）的小官。任职期间，他积极执行惠文王“富国强兵”的政策，征国赋不论上下贵贱，执国法不畏王亲国戚，头角崭露，政绩蜚然。周赧王四十四年（公元前271年），赵奢再次得到平原君的荐擢，被任命为治理全国赋税的总管。这给他提供了进一步施展才能的机会。在赵奢的积极努力下，时不逾年，赵国经济得到发展，“国赋太平，民富而府库实。”这样一来，他就成了赵国出色的理财家，并且可以跻身于廉颇、蔺相如之列，商讨军国大事了。

◎文苑拾萃

子罕弗受玉

宋人或得玉，献诸子罕。子罕弗受。献玉者曰：“以示玉人，玉人以为宝也，故敢献之。”

子罕曰：“我以不贪为宝，尔以玉为宝。若以与我，皆丧宝也，不若人有其宝。”

稽首而告曰：“小人怀璧，不可以越乡，纳此以请死也。”子罕置诸其里，使玉人为之攻之，富而后使复其所。

夏原吉宽厚待人

◎事不三思终有悔，人能百忍自无忧。——冯梦龙《醒世恒言》

夏元吉（1366—1430年），字维喆。祖籍江西德兴。父亲夏时敏任湘阴教谕时，定居湘阴归义。相传他出生时，母亲梦见屈原来到房中，于是人们说他是三闾大夫转世。明初杰出的政治家，经历洪武、建文、永乐、洪熙、宣德五朝，任户都尚书二十七年。“外兼台省，内参馆阁”，忠谨奉职，宽政恤民，对明初社会安定、经济发展曾起过积极作用。著有《万乘肇基集》、《东归稿》、《夏忠靖公集》等。

明宣德五年（1430年）卒，年65岁，赠太师，晋光禄大夫，谥忠靖，归葬湘阴夏家桥侧之大明山。数百年来，夏尚书以清廉贤明为后人所纪念。“遗直如公真大度，老成当国有深谋”，清郭嵩焘谒夏元吉墓时所作的诗可谓其一生的写照。

夏元吉，湖南湘阴人，是明永乐、洪熙、宣德三朝的户部尚书。因努力读书被乡荐入太学，诸生喧笑嬉闹，元吉却正襟危坐，专心抄书。适逢朱元璋到太学考察，见了颇为赞赏，擢为户部主事。永乐时升至户部尚书，至宣德时病死，历事五朝，主持财政工作达27年之久。因他严于律己，宽以待人，又能团结同僚做好工作，所以政绩卓著。

夏元吉虽居庙堂之上，但常念民苦。夏元吉于明建文元年（1399年）升任户部右侍郎，次年任采访使，所过郡县，考察吏治，问民疾苦，人多悦服。永乐元年（1403年），浙西大水，有司治不效，成祖令元吉治之。他带领10余万人日夜奋战。他布衣徒步，盛暑不张盖，下属劝他别那么辛劳时，他说：“民劳，吾何忍舒适。”终于治好，农田大利。他任户部尚书时，裁冗食，平赋役，严盐法、钱钞之禁，清仓场，广屯种，不仅给边苏民，且便商贾。在他任职期间，财政较裕，国用不绌。

有一次，夏元吉巡视苏州，婉谢了地方官的招待，只在自己下榻的旅社中进食。厨师做菜太咸，使他无法入口，他仅吃些白饭充饥，并不说出原因，以免厨师受责。

随后巡视淮阴，在野外休息的时候，不料马突然跑了，随从追出好久，都不见回来。夏元吉不免有点担心，适逢有人路过，便向前问道："请问你看见前面有人在追马吗？"话刚说完，没想到那人却怒目呵斥他道："谁管你追马追牛？走开！我还要赶路。我看你真像一头笨牛！"这时随从正好追马回来，一听这话，立刻抓住那人，厉声喝斥，要他跪着向尚书赔礼。可是夏元吉阻止道："算了吧！他也许是赶路辛苦了，所以才急不择言。"笑着把他放走。

夏元吉为人有雅量，同僚有善则采纳之；或有小过，必为之掩护，甚至代部下受过。即使被同僚攻击，也从不进行报复。吕震曾经攻击过元吉，后来他为儿子乞官，元吉不因他攻击过自己而拒绝，却以震"靖难"时有守城之功，为之请。平江伯陈瑄开始时讨厌元吉，元吉不因此而怨恨他，还经常称赞陈瑄的才干。

夏元吉对待下人也是一视同仁，甚为宽厚。

有一天，一个老仆人弄脏了皇帝赐给他的金缕衣，吓得准备逃跑。夏元吉知道了，便对他说："衣服弄脏了，可以清洗，怕什么？"

又有一次，侍婢不小心打破了他心爱的砚台，躲着不敢见他。他便派人安慰侍婢说："任何东西都有损坏的时候，我并不在意这件事呀！"因此他家中不论上下，都很和睦地相处在一起。

当他告老还乡，寄居途中旅馆的时候，有一只袜子弄湿了，让伙计拿去烘干。伙计不慎，袜子被火烧毁却不敢报告。过了好久，才托人去请罪，他笑着说："怎么不早告诉我呢？"就把剩下的一只袜子也扔了。

有人问元吉："雅量可以学吗？"夏元吉答道："我幼时，有人犯我未尝不怒。始忍于色，中忍于心，久了就没有什么事不可忍了。"

他回到家乡后，每天和农人、樵夫一起谈天说笑，显得非常亲切，不知道的人，谁也看不出他是曾经做过尚书的人。

◎故事感悟

夏元吉宽容待人，避免了一次又一次的冲突。“处处绿杨堪系马，家家有路到长安。”宽厚待人，容纳非议，才能活得自在；事事斤斤计较，患得患失，也必然活得累。

◎史海撷英

明朝“三杨”

永乐年间，太后把杨溥等召至便殿，并命英宗帝西向而立，杨士奇、杨荣、杨溥等人进入后对他们说：“你们均为三朝老臣，现在嗣君年幼，幸亏你们同心同德，才使社稷得以安定。”又特将杨溥叫到跟前说：“仁宗皇帝多次言及卿忠心任事，屡加赞赏，不想今日方得见面。”杨溥感激而泣，太后也流泪不止。开始仁宗为太子时，因多次受到汉王朱高煦等的谗言，故不得朱棣的喜欢，东宫的官属多被下狱，许多人因故无辜而死，杨溥及黄淮等在狱中被押10年，几次面临被杀。仁宗继位之后，每念及这些忠心的大臣往往涕泪满面，故太后对这些老臣亦早已闻而熟知。太后转头又对明英宗皇帝说：“此三位老臣历仕三朝以上，忠心耿直，皇帝今后事无论巨细均要与三位大臣共议而行。”正统三年（1436年）杨溥升为武英殿大学士。杨溥和杨士奇、杨荣20余年入阁，与他们并称“三杨”。此时大太监王振尚未形成势力，皇帝亦在年幼，故朝政在三位大臣的主持之下，天下清平，人民安居乐业，中外臣民无不称颂，并称为三杨德政。

楚惠王恩及厨师

◎谦退，是保身第一法。安祥，是处事第一法。涵容，是待人第一法。洒脱，是养心第一法。——《格言联璧》

楚惠王（?—前432年），中国历史上春秋晚期、战国初期的楚国君主，在位57年。楚惠王即位后，接受郢亡的沉痛教训，重用子西、子期、子闾等人，改革政治，与民休息，发展生产，使楚国得以迅速复苏，使楚国重又步上争霸行列。

楚昭王二十七年（公元前489年），昭王病重，就把各位公子大夫召来说："我不才，使楚军一再受辱，今天竟能够寿终正寝，是我的幸运。"昭王推让自己的大弟公子申做楚王，公子申不答应。又推让二弟公子结，结也不答应。于是又推让三弟公子闾，子闾曾推辞5次，最后才答应做楚王。楚军将要与吴军交战，庚寅这一天，昭王在军中逝世。子闾说："昭王病重时，放弃自己的儿子即位，却推让大臣们做王，我之所以答应昭王，是用来宽慰昭王的心意。当今昭王逝世，我怎么敢忘记君王的一片好心呢？"于是与子西、子綦商量，秘密派出军队堵塞道路，迎接越女的儿子章，拥立他为王，这就是惠王。

一次，楚惠王在吃饭时，发现腌酸菜中有一条水蛭，虽然心里极度厌恶，但仍旧夹起来把它吞下去了。吃下之后，楚惠王腹痛难忍，以致不能进食。他的令尹（掌管军政大权的大臣）问他："大王，请问您是怎样患上这病的？"楚惠王说："我在吃腌酸菜时吃了一条水蛭。因为当时考虑到，如果只是责备御膳房的侍官，而不定他们的罪，那么就是废弃法律，放弃威严，我不想让老百姓听到竟然有这样的事情发生。如果怒责他们并依法论诛的话，那些厨子和试菜的人按照法律都应当被处死，我又于心不忍。又怕身边的侍从看见，就把水蛭吞下去了。”令尹离开座位向惠王拜了两次恭贺道：“臣听说天道不会亲疏远近任何人，只能靠德行辅助君王治理天下。大王您有这样宽厚的仁德，正是天道所提倡的，这病不会有大碍的。”

当天晚上，惠王去解大便，发现水蛭排泄出来了，且久患的心腹胀痛及腹内的包块也消失了。太医得知这一情况后，判断是水蛭把惠王的病治好了。他认为惠王所患的心腹胀痛病是瘀血阻滞所致，水蛭吸其血，正好帮楚惠王疏通了瘀血，使其痊愈。

◎故事感悟

楚惠王身怀恕心，发现他人的过失但不忍治他人的罪，这在古代君王中已是少见，又碰巧治好了自己的病，可谓“恕人者恕己”，又可谓因祸得福。

◎史海撷英

墨破云梯

楚惠王重用鲁国的公输盘，制造了云梯准备攻打宋国。墨子反对不义战争，奔走了十天十夜，到了楚国的都城郢。他先去见公输盘，劝他不要帮助楚惠王攻打宋国。

公输盘说：“不行呀，我已经答应楚王了。”

墨子就要求公输盘带他去见楚惠王，公输盘答应了。在楚惠王面前，墨子很诚恳地说：“楚国土地很大，方圆5000里，地大物博；宋国土地不过500里，土地并不好，物产也不丰富。大王为什么有了华贵的车马，还要去偷人家的破车呢？为什么要扔了自己的绣花绸袍，去偷人家一件旧短褂子呢？”

楚惠王虽然觉得墨子说得有道理，但还是不肯放弃进攻宋国的打算。公输盘也认为用云梯攻城很有把握。

墨子直截了当地说：“你能攻，我能守，你也占不了便宜。”

他解下了身上系着的皮带，在地下围着当做城墙，再拿几块小木板当做攻城的工具，叫公输盘来演习一下，比一比本领。

公输盘采用一种方法攻城，墨子就用一种方法守城。公输盘用了九套攻法，把攻城的方法都使完了，可是墨子还有好些守城的高招没有使出来。

公输盘呆住了，但是心里还不服，说："我想出了办法来对付你，不过现在不说。"

墨子微微一笑说："我知道你想怎样来对付我，不过我也不说。"

楚惠王听两人说话像打哑谜一样，弄得莫名其妙，问墨子说："你们究竟在说什么？"墨子说："公输盘的意思很清楚，不过是想把我杀掉，以为杀了我，宋国就没有人帮助他们守城了。其实他打错了主意。我来到楚国之前，早已派了禽滑厘等300个徒弟守住宋城，他们每一个人都学会了我的守城办法。即使把我杀了，楚国也是占不到便宜的。"

楚惠王听了墨子一番话，又亲自看到墨子守城的本领，知道要打胜宋国没有希望，只好说："先生的话说得对，我决定不进攻宋国了。"

这样，一场战争就被墨子化解了。

◎文苑拾萃

春秋战国门·楚惠王

（唐）周昙

芹中遇蛭强为吞，不欲缘微有害人。
何事免成心腹疾，皇天惟德是相亲。

庾亮诚实不欺

◎有忍，其乃有济；有容，德乃大。——《尚书·周书·君陈》

庾亮（289—340年），字元规。东晋政治家、文学家。颍川鄢陵（今河南鄢陵北）人。明穆皇后之兄。亮美姿容，善谈论，性好庄老，风格峻整，动由礼节，闺门之内，不肃而成，时人或以为夏侯太初、陈长文之伦也。

庾亮是东晋颖川鄢陵人（今河南鄢陵西北）人，字元规，北方南迁士族子弟。16岁时跟随父亲居住在会稽，巍然自守，风格峻雅，时人惮其方严。晋元帝还是镇东将军时，只听说他的名声就任命其为西曹椽。等到有人引见后，见其风情儒雅超过他的想象，于是十分器重，并礼聘庾亮的妹妹做了皇太子妃。太子即位，其妹即立为明帝皇后。庾亮虽官至征西大将军、荆州刺史，但对人却宽厚有礼。

庾亮的坐骑中有一匹非常健壮的马，这马高大雄健，十分壮美，但额头有一道白杠，一直延伸到嘴边，而且脾气十分暴躁，是匹难以驯服的烈马。人一骑上去，它就知道骑马的人有没有驾驭它的本领。要是经验差点儿的人骑上这马，它就会发起性子来拼命地跑，直到把背上的人甩出去好几丈远。

有一天，一位客人来拜访庾亮，刚进大门，就看到仆人牵着这匹马往外走。这位朋友会相马，他围着马转了一圈又一圈，先是啧啧赞叹，后来却是又叹气又摇头。

庾亮和他身边的人忙问发生了什么事，这位相马的朋友面带忧虑地回答说："这匹马是好马，它的名字叫'的卢'。但这种马也是一种最不吉利的马，谁要骑上它，最后准是性命难保。”

“的卢”亦作“的颅”，古书上说的卢是一种名马，南宋词人辛弃疾《破阵子》一词有句云：“马作的卢飞快，弓如霹雳弦惊”，是把的卢作为名马来写的。同时它又是一种凶马。凶马之说出自伯乐《相马经》，说这种马额头有白斑，一直延至口齿，是一种凶马。仆人乘它，会客死他乡；主人乘它，会被杀头，会妨害乘主。

古时候的人都十分迷信，听了这样的话，大家都非常替庾亮担心。他家里的人更是着急得不得了，纷纷劝他赶快把“的卢”马卖掉。

庾亮自己心里也有点打鼓，听大伙儿这幺一说，也有点想把马给卖了。可是再想：“不行啊，我怕‘的卢’马不吉利，把它卖给别人，可人家骑了这马，要是为此丧了性命，岂不冤枉？我怎么能够为了自己的安全而把祸患加给别人呢！”

于是，庾亮把这匹马留了下来，既不卖给别人，自己也不再骑它。

朋友们都笑庾亮傻，庾亮也不在意，总是笑笑对大家说：“古时，人们都说看见双头蛇会死。楚国的孙叔敖不幸碰到一条双头蛇，他为了不让别人再看到，便冒险杀死了双头蛇，这件事成为古代的美谈。古时候的孙叔敖能为别人着想，我难道不能也这样做吗？”朋友们听了，都深深佩服庾亮的善良和为他人着想的高尚品德。

325年，庾亮出任中书令（品级为三品，但实为宰相），总理朝政。

东晋门阀政治制度的特点是“贵族和皇室共享权力”，决定了贵族和皇权、庶族武将之间的矛盾。志向远大的庾亮一上台便着手巩固东晋的门阀政治制度，频频向皇室和藩镇武将发难。他先是杀南顿王司马宗，废西阳王司马羕，沉重打击了皇室的力量。后又以加封藩镇大将苏峻为大司农（二品）为名，企图解除他的兵权，并希望以此为契机，逐步消除陶侃、祖约、苏峻三位藩镇大将对士族高门的威胁。

327年12月，三大藩将中的两位——苏峻、祖约以“清君侧，诛庾亮”为名杀向建康。一个月后，建康城外建阳门一战，书生庾亮被久经沙场的苏峻杀得大败。

眼见兵败如山倒，庾亮不得不在十几个贴身侍从的护卫下，登上小船，往西逃去。逃跑的路上，面对紧追不舍的叛军，庾亮侍卫频频射箭恫吓。然而，可能是侍卫太紧张了，一不小心，射出的流矢竟然击中了庾亮船上正在摇船的船夫。对此，船上的人都面面相觑，唯恐正因战败而在气头上的庾亮借机泄愤，来个军法处置。

谁承想，正在逃亡路上的庾亮仍然十分淡定。他缓慢而从容地开玩笑说："这么差的箭法，怎么可以用来杀贼呢？"

听了庾亮这么平静幽默的说笑，大家悬在胸口的大石才落了下来。随后众人拼死护卫庾亮突出重围，安全逃到江州刺史温峤的地盘。

庾亮的宽容大度为日后的卷土重来、君子复仇留住了希望。

◎故事感悟

关于"的卢"马和双头蛇兆凶的说法，虽然荒谬迷信，但庾亮这种诚实不欺，宽容大度，"己所不欲、勿施于人"的品德十分可贵，值得我们学习。

◎史海撷英

庾亮北伐

东晋建立之后，中原地区已沦丧于胡人之手。虽然皇室及大多世族只想偏安江南，然爱国之将士总以北伐中原、恢复失土为己任。故东晋自始至终，都有北伐之举，先后有祖逖、庾亮、殷浩、桓温、刘裕等人的多次行动。

太尉陶侃去世后，东晋任命平西将军庾亮为征西将军，都督江、荆、豫、益、梁、雍六州军事，领江、豫、荆三州刺史，驻屯武昌。庾亮因为自己处置失当，激起了苏峻的叛乱，所以想为王室立功，北伐收复中原。他在江汉间做了一番军事布置，派司州刺史桓宣镇守襄阳，梁州刺史庾怿镇守魏兴，南郡太守庾翼镇守江陵，豫州刺史、征虏将军毛宝与西阳太守樊峻率领精兵万余镇守邾城，派参军李松攻破了成汉的巴郡和江阳。庾亮向朝廷上书请求率领10万人马移防石城，做出击后赵、北伐中原的准备。

但是朝廷认为物资储备不足，不能进行大规模的军事行动。而太常蔡谟更是做了精辟的分析，认为后赵现在势力强盛，只可凭借长江天险防守，还没有到北伐的时机。朝廷上的意见大都与蔡谟一致，庾亮移防石城的打算没有实现。左卫将军陈光上书请求进攻后赵，朝廷命陈光进攻寿阳，也被蔡谟谏止。庾亮没有灰心，继续向朝廷上书，请求移防石城，做北伐的进攻准备。

但这时，后赵开始了大举进攻。在陶侃镇守武昌的时候，认为江北的邾城军事价值不大，很难防守，而且容易引起敌人的进攻，没有派人马镇守。庾亮却派人马镇守，结果引起了后赵主石虎的注意。石虎派夔安为主帅，率领石鉴、石闵、李农、张豺等五将军，士兵5万进攻荆州和扬州，派2万骑兵进攻邾城。毛宝向庾亮求援，庾亮却认为邾城坚固，不发援兵。当年九月，石闵杀晋将蔡怀，败晋军于沔阴；夔安、李农攻破了沔南；朱宝在白石击败晋军，东晋郑豹等五将军阵亡；张豺攻破了邾城，晋军6000多人阵亡，毛宝、樊峻在突围中溺水身亡；夔安进拒胡亭，进攻江夏，东晋义阳将军黄冲、义阳太守郑进投降。在石城，夔安遇到了东晋竟陵太守李阳的顽强抵抗，李阳击败后赵军队，阵斩5000多敌人。后赵这才撤退，转略汉东，将7000多民户迁到幽州和冀州。

由于庾亮的失策，使得北伐还没有行动，东晋就遭到丧师失地的惨败，庾亮不但未能北伐，还上书请罪，请求贬职。第二年，庾亮就在懊悔中死去。

郭泰宽恕待人

◎度量如海涵春育，应接如流水行去。——《格言联璧》

郭泰（128—169年），字林宗。东汉太原介休（今属山西）人。在东汉末桓、灵二帝时期士人集团同宦官集团的激烈斗争中，郭泰是士人的著名代表和太学生的主要首领之一，他还以不愿就官府的征召而称著于世。东汉著名学者、思想家及教育家，人称“有道先生”，为东汉太学生领袖。与春秋时晋国介子推以及宋朝宰相文彦博合称“介休三贤”。

郭泰身世虽短，影响颇大，海内名士皆知，死讯传出，四方文人学士纷至沓来，为其送葬者竟达千余之众。志同道合者为其树碑立传，闻名海内的文学家兼书法家、大学士蔡邕亲撰铭文。事后蔡邕说：“我一生为人撰碑铭很多，而多有虚饰之辞，唯郭有道之碑铭，文符其实，我毫无愧色。”仅此一斑，足见世人对郭泰的敬仰之情。

郭泰家世贫贱，早年丧父，与母亲相依为命，惨淡度日。长大成人后，母亲想让他去县衙中谋个差事，聊以改变往日的窘迫处境。但是，郭泰素有大志，不愿与衙门的那些鄙猥小人为伍，遂未依母命，而是就读于成皋屈伯彦门下。

屈伯彦是当时享有美誉的饱学之士，在他的指导和教诲下，郭泰刻苦努力，学习勤奋。苍天不负苦心人，三年之后，竟博通“三坟五典”，锻炼得“善论谈，美音制”，加上他“身高八尺，容貌魁伟”的体形容貌，可谓一表人才。

等到郭泰做了官，又为朝廷选拔了许多有用的人才，因此受到了皇帝的赏识和大臣们的称赞。但他最为人所称道的，还不是为官的清正廉明，而是他推己及人、为人着想的高尚品德。

郭泰有一位同乡叫贾淑，虽然出身于仕宦人家，性情却很恶劣，邻里都厌恶他。郭泰的母亲去世后，贾淑赶来吊唁。过了一会儿，巨鹿人孙威直也到了。孙威直认为，像郭泰这样有贤德的人不应当接受贾淑这样的恶人的吊唁，心里有些埋怨，还没进门就离开了。

郭泰看见后追上去向他表示歉意道："贾淑过去确实凶狠，可是现在他已洗心革面改恶从善了。孔子并不因为同乡这个地方的人难于交谈就拒绝与他们来往，因此我赞许贾淑今天的进步，而不去计较他往日的过失。如果因为一个人曾经作恶就再也不对他加以理会和激励、劝导，那不是等于怂恿他继续作恶吗？我们都应该主动接近和帮助他才是啊！"孙威直听了这番话，对郭泰宽阔仁厚的胸襟更为叹服了，他捋捋胡须，低头笑了笑，拍着郭泰的肩膀，很是赞成。贾淑听到这番话很是惭愧，常常以此事勉励自己，终于改过自新，成了一个品行高尚的人。后来，同乡有难，贾淑总是全力以赴地帮助他们，为他们排忧解难，受到同乡人的称赞。

郭泰对不熟识的异乡人也是倾力帮助，从来不计较个人得失。左留是陈留人，他曾经是郡学里的儒生，因为过失而被斥退。从此，左留对郡学里的教师以及生员都怀恨在心，认为他们专门针对自己，因此总想寻找机会进行报复。郭泰有一次在路上遇见左留，听说了这件事，于是专门设酒宴安慰他。郭泰对他说："颜涿聚曾是梁甫那儿的大盗，段干木曾是晋国的马贩子。可是后来颜涿聚求学于孔子，终于成了齐国的忠臣；段干木求学于子贡，也成了魏国有名的贤者。像蘧瑗、颜回那样品德高尚的人尚且不能没有错误，何况一般的人呢！希望你千万不要恼恨，要躬身自省，自己责备自己就好了。"左留接受了郭泰的劝告，若有所思地走了。

当时有人指责郭泰不与坏人断绝往来，郭泰回答说："对于不仁的人，过分地痛恨他，只会迫使他做更多的坏事。应该给每一个人公平的改过自新的机会。"后来左留受到奸人挑唆，邀集了一伙人想对郡学里的其他生员进行报复。那天恰好郭泰在郡学里，左留惭愧自己辜负了郭泰以前所说的话，于是没有进行报复就散开了。这件事让许多人知道了，那些指责过郭泰的人都向郭泰表示歉意，并对他的为人十分佩服。

◎故事感悟

郭泰从他人的立场着想，不排斥曾有过错的人，给人改过自新的机会，这种精神值得我们学习。世上坏人何其多，只是缺乏被人宽容和重新接纳的机会，才在迷途上越走越远。

◎史海撷英

“清谈”

“清谈”是魏晋时承袭东汉清议的风气，就一些玄学问题析理问难反复辩论的文化现象。

魏晋名士以清谈为主要方式，针对本和末、有和无、动和静、一和多、体和用、言和意、自然和名教等诸多具有哲学意义的命题进行了深入的讨论。清谈的进行有一套约定俗成的程式，清谈一般都有交谈的对手，藉以引起争辩。争辩或为驳难，或为讨论。在通常情况下，辩论的双方分为主客，人数不限，有时两人，有时三人，甚至更多。谈话的席位称为“谈坐”，谈论的术语称为“谈端”，谈论时引经据典称作“谈证”，谈论的语言称为“谈锋”。

在清谈的过程中，一方提出自己对主题内容的见解，以树立自己的论点，另一方则通过对话进行“问难”，推翻对方的结论，同时树立自己的理论。在相互论难的过程中，其他人也可以就着讨论主题发表赞成或反对的意见，称为“谈助”。到讨论结束时，或主客双方协调一致，握手言和；或者各执一辞，互不相让。于是有人出来调停，暂时结束谈论，称为“一番”，以后还可能会有“两番”、“三番”，直至得出结论，取胜一方为胜论，失败的一方为败论。

清谈的兴起，大抵由于东汉末年党锢诸名士遭到政治暴力的摧残与压迫，一般其详细评议朝廷人物任用得当否，即所谓清议，而为抽象玄理的讨论。清淡启自郭泰，成于阮籍。

◎文苑拾萃

过郭林宗墓

（明）杨文卿

曾披汉史羡冥鸿，身脱虞罗汉已终。
遥望仙舟悲逝水，独留荒冢泣寒蛩。
碑欹有字腰垂断，树老无枝腹半空。
不敢折巾强自附，为君沽酒酹秋风。

杜甫诗劝吴郎

◎自出洞来无敌手，得饶人处且饶人。——善棋道人《绝句》

杜甫（712—770年），字子美。原籍湖北襄阳，生于河南巩县（今郑州下辖的巩义市），死于耒阳市（今湖南省西南部）。中国文学史上伟大的现实主义诗人，是初唐名诗人杜审言之孙。因曾长居于长安城南少陵原，故自称少陵野老，世称杜少陵。唐肃宗时，官左拾遗。后入蜀，友人严武推荐他做剑南节度府参谋，加检校工部员外郎。故后世又称他杜拾遗、杜工部。

唐代诗人杜甫心胸恢弘，能容纳万水千山、天地风云，更时刻装载着黎民和家国。“朱门酒肉臭，路有冻死骨”，一边是朱门歌舞，衣暖餍肥；一边是寒天霜地，贫人冻死。2000余年的中华诗卷，还有比这更惨目怆怀、浓缩了人间不平等的诗句吗？“老妻寄异县，十口皆风雪”，“国破山河在，城春草木深”，“夜深经战场，寒月照白骨”，“群胡归来血洗箭，仍唱胡歌饮都市”……乱世人民流离，国都残破，战场白骨累累，叛军残暴骄纵等惨象，一齐堆垒于诗人胸间，发而为诗，可见得杜甫诗中圣哲的怀抱。又如“二三豪俊为时出，整顿乾坤济时了”，“安得壮士挽天河，净洗甲兵长不用”，期待国家中兴，人民永享太平，情意殷殷，诚儒者仁者为国为民着想之风范。

一个深秋的夜晚，院子里的几棵枣树偶尔被微风拂过，发出阵阵窸窣的声音。因忧愁睡不着觉的杜甫在屋子里踱来踱去，他不禁喃喃自语：这场旷日持久的战争到底何时才能结束？陷于水深火热之中的人民何时才能得到拯救？想着想着，杜甫不禁泪流满面，他为自己不能为解脱人民的疾苦而心酸。

忽然，外面传来几声清脆的“啪啪”声，“难道有贼吗？这里一没有金银珠宝，二没有山珍海味，到这里来能偷什么东西呢？”他推门出去，看见一个老妇人正在打枣，打几下便在地上摸索一阵。看到杜甫出来，慌忙转身准备离去。杜甫一看是住在附近的一个寡妇，她的丈夫和儿子在战争中相继死去。他深知，连续不断的战火已经使人民贫困到了极点。于是，他急忙喊住老妇人，从厨房里端出一碗菜粥，并对她说：“以后要是饿了，尽管来打枣吃。”老妇人感觉他的话语并无恶意，就犹豫着走上前来，接过杜甫手里的粥感激地喝了下去。

这时，闻声赶来的杜甫的妻子看到老妇人衣衫褴褛，便把自己的外衣脱下，披在老妇人的身上。此时，老妇人已是泪流满面，哽咽难言。从此以后，每逢老妇人无以为食，便来杜甫的院子里打枣充饥。

唐代宗大历二年（767年），大诗人杜甫从夔州（今四川奉节县）瀼西迁居东屯，把他的瀼西草堂让给亲戚吴郎居住。

不料吴郎搬进草堂以后，却在草堂前插起了篱笆，禁止贫妇人前来打枣。杜甫知道这件事后，对贫妇人非常同情，便写了一首诗送给吴郎，劝吴郎别那样做。诗名叫《又呈吴郎》，诗中写道：

堂前扑枣任西邻，无食无儿一妇人。
不为贫困宁有此？只缘恐惧转须亲。
即防远客虽多事，遍插疏篱却甚真。
已诉租赋贫到骨，正思戎马泪沾巾。

这首诗感情真挚，语言朴实无华，没有任何特别的技巧和精彩的辞藻，却淋漓尽致地表现出诗人为人着想、对穷苦人民的深切同情之意。诗一开始就用急切的语调先提出要求，表现出诗人为贫妇人求情的紧迫心情。第二句设身处地地为贫妇人着想，进一步说明她是一个孤苦伶仃、衣食无着的老妇人。如果不是因为穷到万般无奈，又哪里会去打别人家的枣子呢？“不为”一句问得略带悲愤，“只缘”句再进一层，说正由于她打枣时总是怀着一种恐惧的心情，所以我们不仅不应拒绝她打枣，反而应当对她亲切一些，才能解除她的顾虑，使她安心打枣充饥。五六句采取先抑后扬的手法，先说不相信吴郎会拒绝她打枣，然后才说那寡妇一见你吴郎插上篱笆就以为你不让她打枣，虽未免多心；但是，你一搬进草堂就忙着插篱笆，即使无意，却也很像真的要禁止她打枣呢。名为批评妇人多心，实际上是指责吴郎太不大方了。最后两句，再次强调西邻的妇人贫困，说因为租税的追索和盘剥，她已贫困到了极点。写到这里的时候，诗人忽然想到了在这兵荒马乱的情况下，苦难的人还有的是，绝不止寡妇一个；战乱的局面不改变，就连我们自己的生活也不见得有保障，处于战乱之中的全国人民，像贫妇人那样的人怎么活下去呢？他不禁涌出了眼泪。

吴郎读了杜甫写给他的诗以后，深深地被杜甫的精神所感动，也为自己的行为感到内疚，立刻拔掉了防止西邻打枣的篱笆，并向老妇人道歉，允许她前来打枣。

时时想着人民，处处想着国家，这就是我国唐代伟大的现实主义诗人杜甫。他的一生，经历了唐王朝由盛转衰的时期，虽然一生郁郁不得志，没能实现他“焉得铸甲作农器”、“男谷女丝行复歌”的理想，但是，无论在什么情况下，国家和人民在他心中一直占据着首位。面对当时贫富悬殊的差异，他勇敢而沉痛地高呼：“朱门酒肉臭，路有冻死骨。”面对被秋风吹破的茅屋，在秋雨萧萧、无处栖身的时候，他首先想到的是“安得广厦千万间，大庇天下寒士俱欢颜，风雨不动安如山。”甚至愿意“呜呼！何时眼前突兀见此屋，吾庐独破受冻死亦足！”直到临终，还念念不忘战乱中流离失所的人民，痛苦地长叹：“战血流依旧，军声动至今。”

杜甫用他的心和他的笔，为国家忧虑了一生，为人民歌哭了一生，为我们留下了1400余首充满真情的诗篇，被后人誉之为“诗史”，诗人本人也被尊为“诗圣”。

◎故事感悟

杜甫不仅是在诗中同情大众，为民着想，在现实生活中也是尽己所能地帮助他人，即使自己所居住的茅屋被秋风吹破，先想到的也是“安得广厦千万间，大庇天下寒士俱欢颜”，由一己的苦难推及广大人民的不幸，这种推己及人的精神令人敬仰。

◎史海撷英

古代文学史上的杜甫

杜甫的经历和诗歌创作主要可以分为四个时期：

一、读书和漫游时期（35岁以前）

所谓“放荡齐赵间，裘马颇清狂”，开元十九年（731年）杜甫（时20岁）始漫游吴越，五年之后归洛阳应举，不第，之后杜甫再漫游齐赵。之后在洛阳遇到李白，两人相见恨晚，结下了深厚友谊，继而又遇见高适，三人同游梁、宋（今开封、商丘）。后来李杜又到齐州，分手后又遇于东鲁，再次分别，这便是“诗仙”与“诗圣”的最后一次相见。

二、困居长安时期（35—44岁）

这一时期，杜甫先在长安应试，落第。当朝宰相李林甫为了达到权倾朝野的目的，竟然向唐玄宗说无人中举。后来杜甫向皇帝献赋，向贵人投赠，过着“朝扣富儿门，暮随肥马尘，残杯与冷炙，到处潜悲辛”的生活，最后才得到右卫率府胄曹参军（主要是看守兵甲仗器，库府锁匙的小官）的职位。这期间他写了《兵车行》、《丽人行》等批评时政、讽刺权贵的诗篇。而《自京赴奉先县咏怀五百字》尤为著名，标志着他经历10年长安困苦生活后对朝廷政治、社会现实的认识达到了新的高度。玄宗在751年正月八到十日接连举行了三个盛典，杜甫借此机会写成了三篇《大礼赋》，得到了玄宗的赏识。

三、陷贼和为官时期（45—48岁）

安史之乱爆发，潼关失守，杜甫把家安置在鄜州，独自去投肃宗。中途为安史叛军俘获，押到长安。他面对混乱的长安，听到官军一再败退的消息，写成《月夜》、《春望》、《哀江头》等诗。后来他潜逃到凤翔肃宗所在，做左拾遗。由于忠言直谏，上疏为宰相房琯事被贬华州司功参军（房琯善慷慨陈词，为典型的知识分子，但不切实际，与叛军战，采用春秋阵法，结果大败，肃宗问罪。杜甫始为左拾遗，上疏言房琯无罪，肃宗怒，欲问罪，幸得脱）。其后，他用诗的形式把他的见闻真实地记录下来，写下了不朽的作品，即“三吏”、“三别”。

四、西南漂泊时期（48—58岁）

随着九节度官军在相州大败和关辅饥荒，杜甫弃官，携家随人民逃难，经秦州、同谷等地到了成都，过了一段比较安定的生活。严武入朝，蜀中军阀作乱，他漂流到梓州、阆州。后严武为剑南节度使摄成都，杜甫投奔严武，严武死，他再度飘泊，在夔州住两年，继又漂流到湖北、湖南一带，最终病死在湘江上。这时期，其作品有《春夜喜雨》、《茅屋为秋风所破歌》、《蜀相》、《闻官军收河南河北》、《登高》、《登岳阳楼》等大量名作。

◎文苑拾萃

垂老别

（唐）杜甫

四郊未宁静，垂老不得安。
子孙阵亡尽，焉用身独完！
投杖出门去，同行为辛酸。
幸有牙齿存，所悲骨髓干。
男儿既介胄，长揖别上官。
老妻卧路啼，岁暮衣裳单。
孰知是死别，且复伤其寒。
此去必不归，还闻劝加餐。
土门壁甚坚，杏园度亦难。
势异邺城下，纵死时犹宽。
人生有离合，岂择衰盛端！
忆昔少壮日，迟回竟长叹。
万国尽征戍，烽火被冈峦。
积尸草木腥，流血川原丹。
何乡为乐土？安敢尚盘桓！
弃绝蓬室居，塌然摧肺肝。

“论敌”相亲

◎小人不诚于内而求于外。——《荀子·大略》

陆九渊（1139—1193年），号象山，字子静，书斋名“存”，世人称存斋先生。因其曾在贵溪龙虎山建茅舍聚徒讲学，因其山形如象，自号象山翁，世称象山先生、陆象山。汉族。江西省金溪陆坊青田村人。在“金溪三陆”中最负盛名，是著名的理学家和教育家，与当时著名的理学家朱熹齐名，史称“朱陆”。是宋明两代主观唯心主义——“心学”的开山祖。明代王阳明发展其学说，成为中国哲学史上著名的“陆王学派”，对近代中国理学产生深远影响，被后人称为“陆子”。

南宋时候，思想家朱熹和陆九渊是一对“论敌”。

朱熹旗帜鲜明地提出了自己的见解：“要教育学生明白道理，必须多读书。”

陆九渊针锋相对地提出：“道理存在于人们的思维中，书读多了反而糊涂。”

朱熹不同意这种观点，拍案而起：“学习不破万卷书，怎能有出息？”

陆九渊简直怒发冲冠了，他坚持道：“书籍堆积如山，何年何月才能读完？”

这两位当时颇有影响的学者常常唇枪舌剑，据理争论，十几年没有个结论。

但是，治学思想的分别并没有妨碍他们的友情，两人互拜为师，取长补短，完全没有门户之见。

后来，朱熹在庐山脚下办起了“白鹿洞书院”，热情邀请陆九渊前来讲学，“论敌”欣然前往。他深刻细致地剖析科举制度之弊端的讲演，使许多身受其害的学生受益匪浅。他们痛哭流涕，悔恨莫及。朱熹对他的讲课备加赞赏，还将陆九渊的治学警句镌刻在石碑上，立于书院门口。

◎故事感悟

在学术上敢于表明自己的态度，是学者应具备的为追求真理而探讨的学术精神，是应该发扬光大的。

◎史海撷英

高纱帽

南朝时兴起一种高纱帽，白色者为天子所戴。皇帝死了，太子在灵前头戴白纱帽接受遗诏，继位称帝。后来，戴白纱帽成了登上皇位的代名词。南朝刘宋末年，沈攸之起兵讨伐萧道成时，对诸将说：我奉太后之命起兵，一旦事情成功，白纱帽当共戴。士庶所戴为乌纱帽，形制不定，帽上有卷荷、下裙、长耳等饰物。

除巾帽之外，汉代名目繁多的冠有一部分仍在继续使用，如鹖冠、法冠、高山冠、委貌冠、樊哙冠等。有些形制有所改变，如此期流行的一种漆纱笼冠，就是由汉代的武冠演变而来，其外形比汉代的武冠高，以薄纱制成，上面涂漆，使之挺括，两边有双耳，耳下有带系于颌下。戴时先以平巾帻裹头，再将笼冠加于其上，男女都可戴用。冠式的大小随时代而变化，晋末流行小冠，而南朝梁时又流行大冠。

◎文苑拾萃

南唐诗派

南唐诗派是五代时南唐的一个词派。其成员以南唐君相为主，代表人物有中主李璟、后主李煜和元老冯延巳。南唐的君臣们终日纵情声色，不图进取，因此，他们的词都有一种颓靡浮艳的浓重色调。李璟的作品，虽然只留下四首，但却充分体现了这种特点。如《摊破浣溪沙》：“菡萏香销翠叶残，西风愁起碧波间。还与容光共憔悴，不堪看。细雨梦回鸡塞远，小楼吹彻玉笙寒。簌簌泪珠多少恨，倚阑干。”整个作品充满了“众芳芜秽，美人迟暮”（王国维《人间词话》）之感。南唐词人中写词较多的冯延巳，其作品虽然亦不脱香艳之风，但有些作品写得清丽多彩，委婉情深。如《谒金门》一首：“风乍起，吹绉一池春水。闲引鸳鸯香径里，手挼红杏蕊。斗鸭阑干独倚，碧玉搔头斜坠。终日望君君不至，举头闻鹊喜。”词的前两句是传诵千古的名句，经常为人们所引用。

南唐词人中，成就最大的当推李煜。他工书善画，洞晓音律。他的词分前后两期。前期受“花间派”词风的影响，多写宫廷生活和男女恋情，成就不大；后期由于从南唐国主降为囚徒的巨大变化而现出不同的风貌，完全脱去游乐的宫廷气息，充满了一个不幸者的悲伤。如最为传诵的《虞美人》：“春花秋月何时了，往事知多少？小楼昨夜又东风，故国不堪回首月明中。雕栏玉砌应犹在，只是朱颜改。问君能有几多愁？恰似一江春水向东流。”感情真挚，格调哀婉，比喻绝妙，具有感人的艺术力量，扩展了词表现生活和抒发感情的能力。

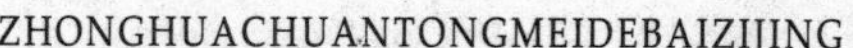

恕·推己为恕

第三篇

不计前嫌任人唯贤

杨坚不计前嫌

◎山锐则不高，水狭则不深。——刘向《新序·节士》

杨坚（541—604年），汉族。弘农郡华阴（今陕西省华阴县）人，汉太尉杨震十四世孙。鲜卑赐姓是普六茹，小字那罗延。隋朝开国皇帝，其父杨忠是西魏和北周的军事贵族，北周武帝时官至柱国大将军，封为隋国公，杨坚承袭父爵。初唐的李延寿在《北史》中赞美隋文帝，“皇考美须髯，身长七尺八寸，状貌瑰伟，武艺绝伦；识量深重，有将率之略。”他在位期间，成功地统一了百年严重分裂的中国，开创了先进的选官制度，发展文化经济，使得中国成为盛世之国。文帝在位期间，隋朝开皇年间疆域辽阔，人口达到700余万，是人类历史上农耕文明的巅峰时期。

“金无足赤，人无完人”，这是一句至理名言。但凡为人，都有自己的短处，也都会犯错误，即使一些名人才子也都如此。犯了错误怎么办？有过则罚，改过则用，这也是用人的一大原则。隋高祖杨坚在对苏威的使用上，就坚持了这一原则，体现了他不计前嫌的宽大胸怀。

苏威是隋初著名的宰相，他在任职期间多有惠政，为世人所称道。但是当初隋高祖杨坚发现和使用苏威这个人，却并不是件很容易的事。

苏威很早就有才名，但是一直没被朝廷重用。杨坚在做北周丞相时，高大将军曾屡次推荐苏威，陈述苏威的才能。杨坚把苏威召来后，引到卧室内交谈，两个人谈得很投机。后来苏威听说杨坚要废周立隋，自己称帝，就逃回到家里，闭门不出。高大将军要追他回来，杨坚说：“他现在不想参与我的事，先让他去吧。”

杨坚即位后，苏威才出来辅佐他。杨坚不计前嫌，授苏威为太子少保，追赠苏威的父亲为都国公，让苏威承继父爵，不久又让苏威兼任纳言、民部上书两职。苏威上书推辞，杨坚下诏说:“大船承载重，骏马奔驰远。你兼有多人的才能，不要推辞，多干事情吧。”由此可见杨坚对苏威的信任。

苏威曾主张减免赋税，杨坚听从了他的主张，这一政策深为百姓喜欢，因此苏威也更受杨坚的宠信。杨坚让苏威与高大将军一起参掌朝政，苏威见宫中帘幔的钩子都是用银子做的，就主张换用其他材料以示节俭，受到杨坚的赞赏。

有一次，杨坚对一个人发怒，要杀那个人，苏威进谏，杨坚非但不听，反而更加生气。过了一会儿，杨坚的怒气消了，对他的进谏表示感谢，并说:“你能做到这样，我确实没看错人。”

当时的治书侍御史梁毗因为苏威身兼五职，并没有举荐其他人的意思，就上书弹劾苏威。杨坚对他说:“苏威虽然身兼五职，但始终孜孜不倦，志向远大，而且职务有空缺时才能推举别人。现在苏威很称职，你为什么要弹劾他而引荐别人呢？”有一次，杨坚还对朝臣说:“苏威遇不到我，就不能实行他的主张；我得不到苏威，就不能行大道。杨素舌辩之才当世无双，至于斟酌古今，审时度势，帮助我治理国家方面，他却比不上苏威。”

开皇十二年（592年），有人告发苏威和主持科举考试的官员结为朋党，任用私人。杨坚让蜀王杨秀审查这件事，结果是确有其事。杨坚指出《宋书·谢晦传》中涉及朋党故事的地方，让苏威阅读。苏威很害怕，免冠谢罪。杨坚说:“你现在谢罪已经太迟了。”于是免去了苏威的官职。

后来有一次议事的时候，杨坚又想起了苏威。他对群臣说:“有些人总是说苏威假装清廉，实际上家中金玉很多，这是虚妄之言。苏威这个人，只不过性情有点乖戾，把握不住世事的要害，过于追求名利。别人服从自己就很高兴，违逆自己就很生气，这是他最大的毛病，别的倒没什么。”群臣们也都同意，于是杨坚又重新起用了苏威。苏威果然不负众望，对隋朝忠心耿耿，竭尽职守，一直到死。

◎故事感悟

做君王者，能看到臣子的优点，不以小过忘其大德，必能大度容才。隋文帝正是做到了这一点，才创下了国泰民安的太平盛世。

◎史海撷英

杨坚攻邺

579年，北周宣帝传位于太子阐，是为静帝。静帝当时仅五六岁，大权落于外祖杨坚手中。杨坚认为相州总管尉迟迥位重，便以韦孝宽代之，又命叱列长义为相州刺史，先行赴邺，孝宽继进。

尉迟迥，北周孝闵帝时进位柱国大将军，封蜀公，邑万户。宣帝即位，让迥出任相州总管，统相、卫、黎、洛、贝、赵、冀、瀛、沧九郡。总管府第在邺城（安阳东北20公里）。韦孝宽名叔裕，字孝宽，北周名将，智勇兼备。此次奉诏，走到朝歌，尉迟迥派大将贺兰贵持书等候。孝宽与之交谈，发觉有变，推说身体不适，慢行。为掩人耳目，又公开派人到相州买药，秘密侦察。恰在此时，尉迟迥又派其侄、魏郡太守尉迟艺来问候。孝宽询问尉迟迥所为，尉迟艺不告，孝宽大怒，欲斩之，尉迟艺这才实说。孝宽立即改变方向，携尉迟艺返回，所过桥梁要道一律拆毁，驿站马匹一律牵走，又吩咐驿卒："蜀公将要到来，应多准备酒肴和粮草。"尉迟迥果然派大将奚子康率百骑追来，各驿站供应丰富，士卒每次都喝得大醉，又没有替换的马匹，孝宽才得以脱险。

尉迟迥杀了杨坚派来的传旨大臣，自称大总管，统率九郡及其侄尉迟勤所统的青、齐、胶、光、莒五州军士数十万，并号义旅，荥、申、东楚、潼、益、郧各州纷纷响应。尉迟迥又北结高安宁，以通突厥；南接陈，许割江淮之地。

杨坚闻报大惊，以韦孝宽为行军元帅，梁士彦、宇文忻、宇文述、杨素等为行军总管讨伐。

孝宽引军趋武陟，与尉迟迥之子尉迟惇10万人马交战。尉迟惇大败，退至邺城。尉迟迥遣精兵3000名埋伏于城西南野马岗，宇文忻以500骑袭之，直驱城下。

尉迟迥将步骑13万人布于城南，另统万骑为一阵，号“黄龙兵”。尉迟勤闻孝宽兵至邺城，率兵5万自青州来援。相州军皆百战之士，孝宽军处于下风，宇文忻献计，引军射城上观战者。当时城上观战民众数万，顿时大乱。宇文忻又让士卒高喊:“尉迟迥败了！”相州军信以为真，败回邺城。邺城被破，尉迟迥自杀。

尉迟迥之乱深深触动了杨坚。相州是这次全国性动乱的发源地，尉迟迥正是凭借他的声望和邺城的地理位置才敢于起兵。如果继续保留邺城，说不定那些“赵魏之士”还会谋反。于是，杨坚断然下令，将相州治所南移20公里至安阳城，然后彻底焚毁邺城。千年古都转眼间成为一片废墟。

◎文苑拾萃

隋门隋文帝

（唐）周昙

孤儿寡妇忍同欺，辅政刚教篡夺为。

矫诏必能疏昉译，直臣诚合重颜仪。

宰相肚里能撑船

◎气馁者自画，量狭者易盈。——明·朱之瑜《朱舜水集·恭敏》

娄师德（630—699年），字宗仁。汉族。郑州原武（今河南原阳县师寨镇安庄村）人。唐朝大臣、名将。唐高宗、武则天统治时期的两代大臣。

进士及第，调江都尉。高宗上元初，为监察御史。后朝廷募猛士讨吐蕃，娄师德自荐从军，以战功迁殿中侍御史，兼河源军司马，并知营田事。任职期间与吐蕃作战，八战八捷，成为著名军事将领。武则天天授初，为左金吾将军，检校中州都督，率士卒屯田，积谷数百万，受武后降书嘉奖。长寿元年（692年），召授夏官侍郎、判尚书事，进同凤阁鸾台平章事，从此任相职8年，勤勉忠直，多有建树。去世后唐廷追赠他为凉州（治姑臧，今甘肃武威）都督，谥曰贞。

唐代武周时重臣娄师德，原是进士出身。后来吐蕃入侵，他以一介文臣的身份应召入伍，指挥唐军与吐蕃军角逐于白水涧（今青海湟原南），创下了八战八捷的辉煌胜利，保卫了边陲的安宁。由于他才兼文武，戍边有功，所以深得武则天的信任，被提拔为宰相。史书称其“宽厚清慎，犯而不校”，“人有忤己，辄逊以自免，不见容色。”此人宽宏大度，任人唯贤，不计私仇，深受朝野上下的赞扬。

娄师德为人宽容大度，官员中有得罪自己的人，皆不以为意，用之如常。著名的大臣狄仁杰一向看不起娄师德，因为当时武则天实行酷吏政治，娄师德为求自保，主张委曲求全，“唾面自干”一词即出于其口。这实际上是在恶劣政治环境中以屈求伸的一种策略，但和刚直不阿的狄仁杰大异其趣。但是娄师德并未因此排斥狄仁杰，反而屡次向武则天举荐他，极力建议将狄仁杰擢为宰相。狄仁杰终于得以位列宰执。但是娄师德从未张扬此事，所以狄仁杰一直毫不知情。他任宰相之后，耻于与娄师德同列，几次将娄排挤出京师，然而娄师德并不计较，一切如常。

武则天后来发觉了这个问题。一天，她问狄仁杰说："师德贤乎？"狄仁杰回答："为将谨守，贤则不知也。"意思是娄师德当将军还算称职，贤良与否则说不清。武则天又问他："知人乎？"狄仁杰回答："臣尝同僚，未闻其知人也。"武则天说："朕用卿，师德荐也，诚知人矣。"又拿出娄师德以前举荐狄仁杰的奏书，让狄仁杰看。狄仁杰看罢，十分惭愧，感叹地说："娄公盛德，我为所容乃不知，吾不逮远矣！"从此，他以娄师德为楷模，积极发现人才，举荐人才，宽厚待人，尽心竭力为国家和百姓办事，终于成为一代贤相。

娄师德虽位至宰相，又得到武则天的宠信，却从不以势欺人，而是以能宽容人著称。他深沉有度量，人有忤己的，却能宽容，不见怒形于色，而是谦逊相待。

娄师德身长八尺，方口厚唇，长得又高又胖，走路很迟缓。一次，他与宰相李昭德一同入朝，因胖，行动迟缓，总跟不上。李昭德不得不停住脚步等他，几次以后，烦了，口出怨言："你这个只配种地的家伙。"走在后面的娄师德听到了，非但没有生气，反而笑着对这位同僚说："我不种地，让谁种呀？"对李昭德的讽刺并不放在心上。

娄师德任兵部尚书时，一次巡视并州（今太原），入境后，近处的官员都前来迎接并随行。到了吃中午饭的时候，娄师德怕人多打扰地方官，便招呼大家一齐在驿站吃饭。娄师德见驿站给自己吃的是精细的白米饭，别人却一律是粗糙的黑米饭，就把驿长叫来责备道，你怎么能弄两种饭待客？驿长惶恐，连忙解释是赶巧没有白米了。娄师德放下白米饭与大家一起端起了黑米饭，并不特殊优待自己。

娄师德升为纳言平章政事后，一次要巡察屯田。出行的日子已经定了，部下随行人员已先起程。娄师德因脚有毛病，便坐在光政门外的大木头上等马。不一会儿，有一个县令不知道他是纳言，自我介绍后，跟娄师德并坐在大木头上。县令的手下人远远瞧见，赶忙走过来告诉县令，说："纳言也。"县令大惊，赶忙站起来赔不是，并称："死罪。"娄师德说："你因为不认识我才和我平坐，法律上没有犯死罪这一条。"县令说："有左嶷，以其年老眼暗奏解，某夜书表状亦得，眼实不暗。"娄师德取笑他说："道是夜书表状，何故白日里不识宰相。"县令惭愧不已，说："愿纳言莫说向宰相。纳言南无佛不说。"左右闻后，都大笑不已。

娄师德做事，大致上都是如此。浮休子说：司马徽、刘宽的宽厚，都比不上他。

娄师德为将相达30年，恭勤待下，孜孜不怠，虽参预朝政，却始终谨慎做事。武周时不少将相动辄获罪，而师德竟能以功名始终，这与他器量宽厚大有关系。

◎故事感悟

在中国封建社会里，官场混浊，官吏普遍争权夺利，互相倾轧。娄师德却荐贤不求人知，受排挤不求报复，显示了事事出以公心、不计个人得失的优良品德和宽广胸怀，从而在中国历史上留下了一段佳话。

◎史海撷英

武后专权

显庆五年（660年），高宗初患风疾，开始让武后处理部分政务。从此，武后参预朝政，处事都符合高宗旨意。在此期间，出于天时、地利、人和等因素，朝政十分顺利，特别是在隋末唐初屡屡受挫的高丽战场，自显庆五年后频频告捷，唐朝疆域也得到扩大。

随着唐高宗病情的加重，武则天独自处理朝政的机会越来越多，在朝廷上就慢慢有了公开的势力，引起了唐高宗的不满。麟德元年（664年），唐高宗和宰相上官仪商议对策，决定废掉武则天，这件阴谋最后因为武则天反应敏捷、处理得法而流产了。为了加强对朝政的控制，当年起，武则天开始垂帘听政。时人把她与唐高宗并称“二圣”。

麟德二年（666年）十月，武则天参加了泰山封禅，随后还提议高宗给大臣赐爵加阶。通过这些举动，武则天扩大了政治影响力，收买了人心。

上元元年（674年），武则天将唐高宗的皇帝称号改为“天皇”，自己则称“天后”，进一步提高了自己的政治地位。此后，她开始扶植外戚，为改朝换代做准备。同时，武则天针对当时情况向唐高宗提了12条建议，史称“建言十二事”。这是武则天第一次独立地提出自己的施政纲领。

上元二年（675年）四月二十五日，太子李弘病死，改立李贤为太子，不久武则天又借故将其废黜，立三子李显为太子。

永淳二年（683年）高宗去世，中宗李显即位，武氏为皇太后。

嗣圣元年（684年），废李显为庐陵王，立李旦为帝，武后临朝称制，从此武则天开始了真正独断朝纲的时代。

◎文苑拾萃

豺狼咬鱼

娄师德任监察御史时，遭遇旱灾，因求雨要表示诚心，所以按例是禁止屠宰的。娄师德到陕县视察，当地的官吏为了奉承他，还是做羊肉给他吃。为此，娄师德责问道：“你们为什么要杀羊？”厨子答道：“不是杀的，是豺狼咬死的。”娄师德明知是厨子所杀，但事已至此，多说无益，只好笑笑说：“这只豺狼倒蛮懂得礼节的。”一会儿，厨子又端上了红烧鱼。娄师德又问，厨子故意说：“它也是被豺狼咬死的。”娄师德大笑道：“你这傻瓜！为什么不说是被水獭咬死的呢？这就不会露出马脚来了。”从此，豺狼咬鱼的典故便流传下来。

敌将可赦仇者先封

◎以大度兼容，则万物兼济。——《宋朝事实类苑·祖宗圣训》

刘邦（公元前256—前195年），字季（一说原名季），汉族，沛郡丰邑中阳里（今江苏丰县）人。秦朝时曾担任泗水亭长，起兵于沛（今江苏沛县）。后成为汉朝（西汉）开国皇帝，庙号为太祖（但自司马迁时就称其为高祖，后世多习用之），谥号为高皇帝（谥法无“高”，以为功最高而为汉之太祖），所以史称太祖高皇帝、汉高祖或汉高帝。刘邦出身平民阶级，成为皇帝之前又称沛公、汉中王。在秦末农民战争中因为被项羽立为汉王，所以在战胜项羽建国时，国号定为“汉”，相因为定都长安。为了和后来刘秀建都洛阳的“汉”相区别，历史上称为“西汉”。

刘邦是我国历史上杰出的政治家、卓越的军事家。他是汉民族和汉文化伟大的开拓者之一，对汉民族的统一、中国的统一强大、汉文化的保护和发扬有决定性的贡献。

刘邦在建立汉王朝后不久的一次庆功宴上，曾对文武百官讲：“论运筹帷幄之中，决胜于千里之外，我不如张良；论抚慰百姓供应粮草，我又不如萧何；论领兵百万，决战沙场，百战百胜，我不如韩信。可是，我能做到知人善用，发挥他们的才干，这才是我们取胜的真正原因。至于项羽，他重用范增一人，但又对他猜疑，这是他最后失败的原因。”刘邦的总结说得很有道理。刘邦的过人之处，确实是能够充分发挥人才的积极性。然而，为什么众人愿意为他去奋斗呢？这不得不归功于刘邦的宽广胸襟。

司马迁在《史记》中说刘邦这个人“豁达大度，从谏如流”。就是说他具有宽容的心态，胸怀博大能容人，对不同的意见也有度量听下去。

韩信、陈平等人原来都是敌对营垒的一般官员，到了刘邦这里都受到重用。陈平原来是项羽手下的谋臣，后投奔刘邦，刘邦不计较他曾帮过项羽，破例将其任命为都尉，留在身边做参乘（陪他出行，为他驾驭马车的官员），并命他监护三军将校。陈平得以重用引起了不少将领的不满，他们都纷纷说陈平的坏话，说他品行有问题，一是不讲信用，先背叛魏王，又背叛项羽，反复无常；二是“盗嫂”，在家的时候与嫂子关系暧昧；三是“昧金”，即接受贿赂。刘邦听了这些话，心里产生了疑虑，便把陈平叫来问个究竟，陈平自知这些都不是事实，回答道：“过去我投奔魏王和项羽，由于他们不相信人，我才来投奔大王。如果大王认为我可以用，就不应拘泥小节；如果认为我不能用，我收的礼物全在这里，你拿去吧！我就此告辞。”刘邦觉得误会了陈平，连声道歉，并将他提拔为护军中尉，专门监督诸将。从此，陈平全力辅佐刘邦，曾六出奇计，多次在危难之际挽救刘邦及其大业，成了建立西汉王朝的头等功臣。刘邦死后，陈平还同周勃一道，平定诸吕叛乱，稳住了西汉江山。

季布原来是楚地有名的游侠，好使意气。楚汉战争时，他任项羽手下的大将，多次追击刘邦，使其陷于狼狈窘迫的境地。刘邦当了皇帝以后，对敌人营垒中的许多人都表示宽赦，唯独对于季布耿耿于怀，甚至以千金悬赏缉拿，并下令有胆敢窝藏季布的论罪灭三族。当时，季布藏在濮阳周家。周氏怕被查获，就将季布打扮成囚犯模样，与十几名家僮运到鲁地，卖给著名游侠朱家。朱家心知内情，于是到洛阳面见汝阴侯滕公为之疏通。滕公留朱家喝了几天酒，朱家乘机对滕公说：“季布犯了什么大罪，皇上追捕他这么急迫？”滕公说：“季布多次穷追猛打皇上，皇上怨恨他，所以一定要抓到他才罢休。”朱家说：“做臣下的各受自己的主上差遣，季布受项羽差遣，这完全是职分内的事。项羽的臣下难道可以全都杀死吗？现在皇上刚刚夺得天下，仅仅凭着个人的怨恨去追捕一个人，为什么要向天下人显示自己器量狭小呢？再说凭着季布的贤能，汉王朝追捕又如此急迫，这样，他不是向北逃到匈奴去，就是要向南逃到越地去了。这种忌恨勇士而去资助敌国的举动，就是伍子胥之所以鞭打楚平王尸体的原因了。您为什么不寻找机会向皇上说明呢？”汝阴侯滕公知道朱家是位大侠客，猜想季布一定隐藏在他那里，便答应说:“好。”

滕公将朱家的话对刘邦说后，刘邦觉得很有道理，于是宽赦了季布，并且拜他为郎中。

刘邦封雍齿为功臣一事，也同样是胸怀宽大，正确对待反对过自己的人的范例。

雍齿是汉朝沛县人，秦二世元年随刘邦起义。秦二世二年，刘邦攻占江苏丰县，命令雍齿镇守，雍齿却投降魏将周市。刘邦很生气，领兵回来攻打雍齿，两次攻打不下，第三次从项梁那里借了500兵马，才攻下丰县，雍齿逃往魏国。

后来，雍齿又投降了刘邦，立过不少战功。汉高祖六年，平定项羽，建立统一的汉朝以后，刘邦大封功臣。封了20多人，其余的“日夜争功不决”，进行不下去了。群臣议论纷纷，而统治集团内部矛盾的激化，很可能会使刚刚建立的西汉王朝重新陷于混乱。

刘邦对此十分担忧，询问张良该如何处理。张良说，陛下靠这些大臣夺取了天下，现在当了天子，而所封功臣都是平时所亲近的人，所杀的都是平生的仇怨者，大臣们既怕得不到封赏，又怕因平生的过失被杀。刘邦忧虑地说，那可怎么办呢？张良建议刘邦先封平日最憎恶而又为众将所熟悉的人为侯，以安群臣。刘邦采纳张良的建议，毅然封雍齿为什方侯，并且督促丞相御史抓紧定功行封。群臣都高兴地说，雍齿都能封侯，我们就不必忧虑了！于是，一场因封侯引起的风波就这样平息了。

◎故事感悟

胜利者如何对待敌人营垒中的人，推而言之，执掌权力的人如何对待反对过自己的人，这一直是人才使用中的一个棘手难题。敌将可赦，仇者先封，是一种权术和谋略，既团结了人心，又显示了胜利者和掌权者的宽容大度，同时更能吸引人才，为己所用。

◎史海撷英

垓下之战

公元前206年，即汉王元年的五月，刘邦任萧何为丞相，负责管理后方巴蜀地区，他亲自和韩信领兵从陈仓（现在陕西宝鸡东）偷渡，迅速占领了关中全部。至此，著名的楚汉战争正式爆发。

楚汉战争分为两个阶段，前一阶段是刘邦处于下风，屡次被项羽杀得大败而归。后来，刘邦离间了项羽和范增，逐渐占据上风，最后将项羽彻底打败，在垓下之战中彻底歼灭了项羽。楚汉双方对阵了10个多月，因为有关中和蜀地的支援，刘邦逐渐占了上风；而项羽则兵源缺乏，粮草不足，难以和汉军抗衡。在侯公（汉初著名辩士"平国君"）的撮合下，项羽和刘邦定下了停战协定：楚汉以鸿沟（现在河南荥阳、中牟和开封一线）为分界线，东西分治。协定达成之后，项羽将战争中擒获的刘邦的父亲和妻子送还。

项羽领兵东返，刘邦也打算领兵回关中。张良和陈平则极力劝说刘邦趁机灭掉项羽，因为这时项羽兵不精粮不足，让他回到彭城等于是纵虎归山。刘邦听了赶紧命令追击，同时派人命韩信和彭越火速集结，合击项羽。

公元前202年十月，刘邦追上了项羽。但到了固陵（现在河南太康西）时，韩信和彭越的军队还没有到达。项羽向汉军猛烈反击，将汉军击溃。刘邦只得坚守不出，并马上派人许诺韩信和彭越，在击败项羽后立即封他们为齐王和梁王，于是韩信和彭越立即进兵。同时，楚的大司马周殷也被刘邦派人劝降，淮南王英布领兵也赶来会师。汉军会合各路援军共30万，和项羽决战垓下。夜里，围困项羽的汉军唱起了楚国苍凉的歌，使项羽以为汉军已占领全部楚地。走投无路的项羽在大帐中和心爱的虞姬饮酒，乘着酒力慷慨而歌："力拔山兮气盖世，时不利兮骓不逝。骓不逝兮可奈何，虞兮虞兮奈若何！"

虞姬当着项羽的面含泪自刎，项羽擦去眼泪，跃马率领800骑兵趁夜突围。在渡过淮河后，身边只剩下了100人，向东撤退，在东城（现在安徽定远东南）被灌婴的骑兵追上。项羽的随从只剩28人，和汉军激战三次，杀死杀伤几百汉军后，项羽最后横剑自刎。

是年底，汉军攻破江陵，俘虏项羽所立的临江国王共尉。至此，天下完全归于一统。

◎文苑拾萃

刘邦的“第一位”

1. 刘邦是中国历史上第一位由平民登上帝位的皇帝。

2. 刘邦是中国历史上第一位御驾亲征而统一天下的皇帝。

3. 刘邦是中国历史上第一位发明“招降纳叛”和“统一战线”军事战略战术的皇帝。

4. 刘邦是中国历史上第一位以“休养生息”为国策，从而在全国大力发展经济的皇帝。

5. 刘邦是中国历史上第一位“释放奴婢”，从而一定程度上打击奴隶制度、解放生产力的皇帝。

6. 刘邦是中国历史上第一位在全国范围内实行“轻徭薄赋”政策、实行“十五税一”低税率的皇帝。

7. 刘邦是中国历史上第一位推行“量吏禄，度官用，以赋于民”的财政支出紧缩政策而提倡节俭的皇帝。

8. 刘邦是中国历史上第一位制定礼仪从而巩固皇权的皇帝。

9. 刘邦是中国历史上第一位下“求贤诏”，在全天下广招贤士人才的皇帝。

10. 刘邦是中国历史上第一位写诗的皇帝，其诗作《大风歌》被誉为“千古人主第一词”。

11. 刘邦是中国历史上第一位祭祀孔子并重用儒士的皇帝，从而为汉朝及后世以儒家文化为主体思想治国奠定了基础。

12. 刘邦是中国历史上第一位以孝治理天下的皇帝。

光武帝恕众得人

◎宽则得众。——《论语 · 阳货》

汉光武帝刘秀（公元前6—57年），字文叔。南阳蔡阳人（今湖北枣阳西南）人。汉景帝后裔。中国古代著名的政治家、军事家。新朝王莽末年，海内分崩，天下大乱。刘秀与兄在家乡乘势起兵，与诸豪杰并争天下。昆阳之战，光武帝挽狂澜于即倒，王寻等百万之众一时土崩瓦解，王莽政权的丧钟由此而敲响。25年，刘秀与更始政权公开决裂，在河北鄗城的千秋亭登基称帝，依照封建王朝"家天下"的传统，刘秀所建立的王朝沿用了其祖先的国号"汉"，史称东汉或后汉。经过长达数十年的统一战争，刘秀先后平灭了绿林、赤眉、刘永、张步、隗嚣、公孙述等诸多割据势力和人数达百余万的大小农民起义军，使得自新莽末年以来纷争战乱20余年的中华大地再次归于一统。

光武帝统一天下，定都洛阳，重新恢复汉室政权，为汉朝中兴之主。政治措施皆以清静俭约为原则，兴建太学，提倡儒术，尊崇节义，为一贤明的君王。在位33年，谥号光武，庙号世祖。

汉光武帝刘秀是我国历史上著名的封建皇帝之一。史称其"才兼文武，豁达有大度"。他长于用兵，善于以少胜多，出奇制胜。在昆阳之战中，他知人善任，"中兴二十八将"大部拔擢自小吏、布衣、行伍之中。他对待臣僚"开心见诚"，胸怀大度，不念旧恶。

封建时代，君王的心胸气度与驭臣治国有着重大的关系，尤其在打天下的时候更是如此。气量大度，不念旧恶，才能宽大政敌，化敌为友，化敌为臣，使其为己所用。

更始帝刘玄入长安后，推翻新朝。刘玄任刘秀为大司马，并派他到河北活动。这时，新朝末年称帝的王郎盘踞河北。24年，刘秀攻破邯郸，王郎逃亡，死于途中。

消灭王郎势力以后，刘秀缴获了大量文件，其中有数千件是刘秀手下的官吏与王郎集团暗中交往和诽谤刘秀的书信，刘秀看也不看，便会集诸将当众将之焚烧，说："让那些怀有二心的人安心。"刘秀如此宽恕那些背叛自己的人，显示他有容人的海量。那些要背叛的人见刘秀对他们如此宽恕，深为感激，死心为之效命。

以避谈军功而获大树将军雅号的冯异先前是王莽阵营中人，后又依附刘秀，在刘秀建立东汉政权的过程中立下了汗马功劳。冯异曾连续数年镇抚关中（今陕西渭河流域），威权日重，民间称之为"关中王"，朝中亦有人非议，暗示冯异有异心。刘秀却十分信任冯异，还将参毁的书信交给冯异本人。冯异看后惊恐异常，上表自辩，刘秀安慰他说："将军和我，论理是君臣关系，论情谊却如同父子一样。你又有什么好担心的，还这样害怕别人的话？"后来冯异入朝觐见，刘秀对朝廷大臣说："冯异是我起兵时的主簿，是他帮我渡过难关，平定天下。"回忆起几年前在河北逃难时，冯异为自己弄来豆粥与麦饭充饥，刘秀又感慨地说那是一份无法报答的厚意，这些话让冯异心里感到无比的温暖。

建武元年，刘秀称帝后，开始了对更始帝刘玄和绿林起义军的兼并战争。当年六月，刘秀大军沿河直上，包围了洛阳，当时守卫洛阳的就是更始政权的大司马朱鲔。

朱鲔是淮阳（治今河南淮阳）人，是个比较有政治头脑的农民军将领。起初，他随王匡等聚众绿林山起义反对新莽。地皇三年，分兵北入南阳，号新市兵。更始政权建立后，任大司马。刘玄杀害刘绩，朱鲔是主谋之一，对刘秀有杀兄之仇。更始移都长安后，大封亲故为王。朱鲔不满意这种做法，乃以"高祖约，非刘氏不王"为由，拒绝接受胶东王封爵。徙左大司马，与李轶等镇抚关东，据守洛阳，抵御刘秀。

刘秀围攻洛阳，三月不克，想起部将岑彭与朱鲔有旧交，便派岑向朱鲔劝降。岑彭来到洛阳城下，对站在城头上的朱鲔说，如今赤眉军攻下长安，更始帝败亡，将军已成无源之水；光武帝刘秀已平定燕、赵之地，贤臣俊杰汇集于汉家旗帜之下。现在陛下亲率大军来攻洛阳，正是将军立功的好机会，为什么坚决抗拒，死守孤城呢？朱鲔诚恳地对故友说，三年前更始帝刘玄处死刘秀之兄刘缜，我朱鲔参与其谋；后来刘玄派刘秀北伐，我又坚决反对，生怕刘秀扩展势力。我自知罪深，恐怕是无法得到宽恕的。岑彭返回刘秀大营，将朱鲔的顾虑禀报给光武。光武帝说，建功立业志向远大的人，是不会记旧恨、有私怨的。朱鲔若能献城投降，不仅官职爵位俱在，还会加官进爵，怎么会诛罚他呢？黄河在此，我对此发誓，绝不食言。

岑彭策马返回洛阳城下，把刘秀的话一五一十转告给朱鲔。经过几天深思熟虑，朱鲔终于动了归降之心，答应出城面见刘秀。临行时嘱咐部将说，我去刘秀那里探听虚实，你们继续在此坚守，如果我被扣不返，说明刘秀有诈，你们可去投奔郾王尹尊。然后，朱鲔单骑出城来到刘秀大营，并面缚以示请罪。刘秀立即为朱鲔松绑。朱鲔自称有罪，刘秀却说，为主尽忠，何罪之有？请将军再别这样说。随后设下酒宴，与朱鲔同饮。席间，刘秀面对仇人谈笑风生，如同知己一般，令朱鲔大为汗颜。刘秀的这番态度，打消了朱鲔的顾虑。朱鲔回到洛阳，举城投降，保全了古城洛阳不受兵火之灾。刘秀即拜朱鲔为平狄将军，封扶沟侯。后为少府，传封累代。

刘秀的大度与谦和，为他赢得了一种无形而巨大的亲和力和感召力，一些曾经与他为敌的人也能心悦诚服地投至他的麾下。

当时，有一支与刘秀争天下的农民起义军——赤眉军。两军对垒，历经苦战后，赤眉军首领刘盆子终于战败而降。刘秀根据孔子的“仁者爱人”思想和《孙子兵法》中“卒善而养之，是谓胜敌而益强”的作战原则，制定了正确的俘虏政策：凡投降者，一个不杀；对刘盆子也一分为二，肯定了他过去的功绩。刘秀对刘盆子评价说：“你有三大功劳：攻城破邑，四处征战，自己的原配妻子不曾抛弃，这是第一件；嗣立君王能选择汉宗室成员，这是第二件；其他的人在被迫投降时，都要将自己立的君王砍下脑袋，以表立功赎罪，而你却能率全体成员归附于我，这是第三件。”后来，刘盆子被封为赵王。

◎故事感悟

对人宽恕，既是一种美德，也是一种政治手段。之所以称为美德，因能宽恕人的人都胸怀广阔，有容人的海量；之所以说是一种政治手段，因其能宽恕人，故能团结人，人乐为之助。刘秀正是因为团结了一切可以团结的力量，才得以建功立业。

◎史海撷英

昆阳之战

昆阳位于昆水北岸，故而得名，历来是兵家必争之地。史载，王莽大军“余在道者，旌旗、辎重，千里不绝”，“自秦、汉出师之盛，未尝有也”。

面对42万新莽大军，昆阳守军只有区区万余人，诸将皆惶恐，忧念妻子和家人的安全，欲弃守昆阳，远走他城。而刘秀则陈述自己的观点道：“今兵谷既少，而外寇强大，并力御之，功庶可立；如欲分散，势无俱全。且宛城未拔，不能相救，昆阳即破，一日之间，诸部亦灭矣。今不同心胆共举功名，反欲守妻子财物邪？”刘秀的这番慷慨陈词并没有得到绿林军将领们的认同，但是不久之后，探马来报：“大兵且至城北，军陈数百里，不见其后。”见此情形，诸将只得又请刘秀来商讨对策，刘秀为众将谋划，由成国上公王凤等坚守城池，自己则率13骑趁夜色突围搬取救兵。此时，新莽大军已经开始大举围城。史载，“秀等几不得出”。刘秀走后不久，新莽大军开到昆阳城下，开始攻城。史载：“围之数十重，列营百数，云车十余丈，瞰临城中，旗帜蔽野，埃尘连天，钲鼓之声闻数百里。或为地道，冲輣橦城。积弩乱发，矢下如雨，城中负户而汲。”

数日后，城中主将成国上公王凤等向莽军乞降，新莽主帅大司空王邑不准。王邑认为昆阳城不日即下，准备在攻下城池后尽屠此城。昆阳城内的守军见乞降不准，反倒坚定了必死守城的决心。射入城中的乱箭如下雨一般，但城内绿林军仍奋力坚守，小小的昆阳城在如此攻势下竟然多日巍然不动。

六月初，突围搬取救兵的刘秀发郾城与定陵的兵马驰援昆阳，刘秀亲自率步、骑千余人为先锋，在距新莽大军数里外的地方布阵。二公（即大司空王邑和大司徒王寻，皆为三公之一，故称二公）见刘秀兵少，亦只率数千人迎战，结果数战不利，被刘秀军斩杀千余人。初战获胜的刘秀军士气大振，而新莽军连日攻城不下，军士疲惫；加之与刘秀所率之援军作战又折损了不少兵马，故而士气低落。此时，刘秀遣人故意遗落书信于战场，言宛城已下，宛城之汉军正回援昆阳。王邑得此书信，极为不安。

刘秀又选3000名精兵，组成敢死之师，刘秀亲率其反复冲击新莽大军的中军，混战中大司徒王寻被杀，而莽军其余大营皆不敢违背王邑之令相救，新莽的中军大营崩溃。此时，城内已经被困多日的绿林军将领们见莽军中军已乱，也从城内冲杀出来，杀声震天。新莽大军见中军阵乱，主帅被杀，顿时乱作一团，争相溃逃，结果被杀、践踏、溺死者不计其数，滍水为之不流。王邑率少数人踏着莽军的尸体渡河逃回了洛阳。昆阳之战，新莽42万大军的统帅大司空王邑好大喜功、骄纵轻敌，犯了兵家大忌；而刘秀和绿林军的将领们则抱着死战的决心，无不以一当百，势不可当，故能在昆阳城下以少胜多，力破强敌。

◎文苑拾萃

论光武

（蜀）诸葛亮

曹子建论光武：将则难比于韩、周，谋臣则不敌良、平。时人谈者，亦以为然。吾以此言诚欲美大光武之德，而有诬一代之俊异。何哉？追观光武二十八将，下及马援之徒，忠贞智勇，无所不有，笃而论之，非减曩时。所以张、陈特显于前者，乃自高帝动多疏阔，故良、平得广于忠信，彭、勃得横行于外。语有“曲突迷薪为彼人，焦头烂额为上客”，此言虽小，有似二祖之时也。光武神略计较，生于天心，故帷幄无他所思，六奇无他所出，于是以谋合议同，共成王业而已。光武称邓禹曰：“孔子有回，而门人益亲。”叹吴汉曰：“将军差强吾意，其武力可及，而忠不可及。”与诸臣计事，常令马援后言，以为援策每与谐合。此皆明君知臣之审也。光武上将非减于韩、周，谋臣非劣于良、平，原其光武策虑深远，有杜渐曲突之明；高帝能疏，故陈、张、韩、周有焦烂之功耳。

——《金楼子》卷四《立言篇》

山不厌高，海不厌深

◎泰山不让土壤，故能成其大；河海不择细流，故能就其深；王者不却众庶，故能明其德。——秦·李斯《谏逐客书》

曹操（155—220年），字孟德，一名吉利，小字阿瞒。汉族。沛国谯县（今安徽省亳州市）人。东汉末年杰出的政治家、军事家和文学家。三国时代魏国的奠基人和主要缔造者，后为魏王。其子曹丕称帝后，追尊他为魏武帝。在政治方面，曹操消灭了北方的众多割据势力，恢复了中国北方的统一，并实行一系列政策恢复经济生产和社会秩序。文化方面，在曹操父子的推动下，形成了以曹氏父子（曹操、曹丕、曹植）为代表的建安文学，史称建安风骨，在文学史上留下了光辉的一笔。

汉献帝兴平元年（194年），曹操派荀彧、程昱等留守兖州，自己率军进攻徐州牧陶谦。正当曹操节节胜利时，陈留（今河南开封东南）太守张邈与曹操部将陈宫等共同策划背叛曹操，迎接吕布为兖州牧。当时曹操部下的许多将领、官吏都参与阴谋，如不是荀彧、程昱等设法守住鄄城、范县（今山东梁山西北）、东阿（今山东阳谷东北）三城，曹操几乎无家可归。后来历经苦战，才将吕布、张邈、陈宫等逐出兖州。曹操对背叛他的官吏、将领十分痛恨，准备严惩不贷。但随形势变化以及对人才的需要，他不仅赦免了许多人的罪过，而且重新任命他们为官。

起初，曹操在兖州时，举荐魏种为孝廉，对他十分信任。当兖州发生叛乱时，许多人倒戈跟随了张邈，曹操却很自信地对部下说："唯魏种且不弃孤也。"等到听说魏种也叛逃的消息，曹操大怒，说："（魏）种不南走越，北走胡，不置汝也！”汉献帝建安四年（199年），曹操攻下射犬（今河南沁阳）后，活捉魏种，但并未将他处死，只是叹了一口气：“魏种是个人才啊！”终于还是没有计较他之前的叛逃，任命他为河内（今河南武陟西南）太守，掌管黄河以北的事务。除魏种外，参与兖州叛乱的将领徐翕、毛晖后来也得到曹操的赦免，并被任命为郡守。

张邈、陈宫等叛投吕布时，劫持了毕谌的父母妻儿。曹操就对毕谌说：“你的父母在吕布那边，你可以去投奔。”毕谌跪下叩头表示绝无二心，曹操为此特地嘉奖他。不料，毕谌一出门，就背叛曹操逃到吕布那边。后来，曹操消灭吕布，在下邳俘获了毕谌。众人都以为他必死无疑，曹操却说：“对父母孝顺的人，又怎么会对君主不忠呢？这样的人，正是我所期望得到的啊。”于是任命毕谌为鲁国相。

曹操在争夺霸业的过程中，用才不论亲疏，不记私仇，而“忘其前愆，取其后效”。由于曹操“宰相肚里能撑船”的恢宏大度，以致敌垒中许多谋臣和武将纷纷前来归顺，后来成为曹操营垒中的重要人物。

建安二年，曹操率军进攻张绣。张绣自知不敌，率众归降。但降后又再反叛，率军掩袭曹军，曹军没有防备，大败。曹操被流箭射中，其长子曹昂、侄子曹安民都在乱军中被杀死，曹操的得力爱将典韦也因保护曹操而被杀死。建安四年，曹操与袁绍在官渡对峙，谋士贾诩劝降张绣说：“曹公王霸之志，必释私怨，以明德于四海。”张绣便听从了贾诩的策略，再次率众投降曹操。曹操果舍弃私怨，不念旧恶，拉着张绣的手说：“有小过失，勿记于心。”又设宴为他洗尘，于谈笑间尽泯恩仇，还和张绣结成儿女亲家，而后又拜张绣为扬武将军。以后，张绣在官渡之战以及击败袁谭的南皮之战中屡立战功，曹操增加他的封邑满2000户。“是时天下户口减耗，十裁一在，诸将封邑未有满千户者，而（张）绣独多”，足见曹操对他的宠信与优待。张绣也一直忠心追随，最后病逝于随曹操北征乌桓的途中。对此，后来史学家评论说，曹操“容人之仇”的震撼力之大，感召力之强，效果之妙，非一般用人措施所能及。

袁绍在发兵讨伐曹操时，曾发布檄文，除历数曹操罪状之外，还攻击曹操及其祖父曹腾、父亲曹嵩，讲曹腾是“伤化虐民”的宦官，曹嵩“乞丐携养，因赃假位”，而曹操本人是“赘阉遗丑，本无令德，僄狡锋侠，好乱乐祸”。这篇《为袁绍檄豫州文》是由汉魏文学家陈琳撰写的，他先做过大将军何进的主簿，后入袁绍幕府，在军中专写文书。袁绍失败后，陈琳归降曹操。曹操对他说：“卿昔为本初（袁绍）移书，但可罪状孤而已，恶恶止其身，何乃上及父祖邪？”陈琳回答：箭在弦上，不得不发。向曹操承认罪责并表示了歉意，曹操爱惜他的文才，不仅未加以处分，还任用他为司空军谋祭酒，管记室。以后，重要的文书、檄文有许多都出自陈琳之手，曹操很欣赏他的文笔，屡次给予优厚的赏赐。

建安五年，曹操在官渡一战中击溃袁绍军队的主力，袁绍仅率800名骑兵逃走，辎重、书籍、珍宝等都落入曹军手中。曹操从袁绍遗下的书籍中检出书信一束，这都是留守京都以及自己军中的将领、官吏和袁绍私下往来的书信。左右曰：“可逐一点对姓名，收而杀之。”曹操却说：“当绍之强，孤犹不能自保，而况众人乎？”随后下令全部焚毁，根本不看书信内容及写信的人到底是谁。曹操的宽容大度稳定了军心，使那些心怀二意的人安下心来，不再动摇。

此外，张辽原为吕布手下大将，臧霸、孙观等原来助吕布进攻曹操，张郃、高览原属袁绍，文聘原为刘表战将，都是战败后前来归降的。贾诩为张绣出谋划策，曾屡次大败曹军，致使曹操的子、侄被杀。但这些人归入曹操麾下后，曹操一视同仁，予以重用。以后，他们都成为曹操部下的名将与主要谋士，屡建功勋。

可以说，如果曹操没有这种宽容的肚量，就不可能统领群雄，统一北方。陈寿在评论曹操时，将“矫情任算，不念旧恶”列为他能完成大业的主要条件之一，是确有见地的。

◎故事感悟

从三国的史实而言，曹操虽有其权术狡诈的一面，但确是一位恢宏大度、唯才是举的政治家。正如鲁迅所评价的："曹操是一个很有本事的人，至少是一个英雄。"(《魏晋风度及文章与药及酒之关系》)尤其是他大度"容才"的胸襟，更体现出一种"王者的风范"。他所作的《短歌行》中"山不厌高，海不厌深，周公吐哺，天下归心"的豪迈诗句，就形象地表达了其海纳百川、不计恩怨、求贤若渴的胸怀和愿望。正因为如此，曹操麾下才能"猛将如云，谋臣如雨"，为其统一大业发挥了重大作用。

◎史海撷英

三战徐州

献帝初平四年(193年)秋，曹操的父亲曹嵩在来曹操处的路上，被护送的陶谦部将张闿所杀。曹操遂进兵徐州(治郯，今山东郯城)，向东南扩展势力，徐州牧陶谦退守郯县。不久曹操军粮将尽，撤围回军。

次年夏，曹操再征徐州，略地至东海。曹操征徐州期间，所过大肆杀戮，一路上"鸡犬亦尽，墟邑无复行人"。加入讨董卓之战的陈留太守张邈和曹操部将陈宫对曹操不满，遂叛操，迎吕布为兖州牧。吕布为当时名将，先为董卓部将，曾与王允定计诛杀董卓。当时只有鄄城(今属山东)和东郡的范(今山东范县东南)、东阿(今山东阳谷东北)两县尚在曹操掌握之中，分别由司马荀彧和寿张令程昱、东郡太守夏侯惇等坚守，形势异常危急。曹操从徐州赶回，听说吕布屯于濮阳，遂进军围攻濮阳。二军相持百余日，蝗灾大起，双方停战，曹操还军鄄城。

此时，曹操失去了兖州，军粮已尽，袁绍派人劝说曹操投靠他，将曹操举家迁到邺县(在今河北临漳县西40里)当人质。曹操本打算答应袁绍，多亏程昱劝阻，曹操才打消了念头。

兴平二年(195年)夏，曹操整军再战吕布，于巨野(今山东巨野南)大破吕布军，吕布逃往徐州投靠刘备。

从建安二年起，曹操利用他“挟天子以令诸侯”的政治优势，东征西讨，开始了他翦灭群雄、统一北方的战争。其时，在曹操的北边，是占有冀、并、幽、青四州的袁绍；南边，是占据扬州的袁术；东南，是占据徐州的吕布；正南，是占据荆州的刘表；西边，是关中诸将。此外，董卓部将张济之侄张绣投降刘表后，屯驻于宛县(今河南南阳)，对许都形成威胁。

建安三年(198年)九月，曹操东征徐州，进攻久与他为敌的吕布。在曹军攻势之下，吕布军上下离心。十二月，吕布部将魏续、宋宪等生擒吕布谋士陈宫归降曹操。吕布见大势已去，下城投降。曹操将吕布、陈宫、吕布部将高顺等人处死，收降吕布部将张辽、臧霸、孙观等人，初步控制了徐州。

◎文苑拾萃

为袁绍檄豫州文(节选)

(东汉)陈琳

盖闻明主图危以制变，忠臣虑难以立权。是以有非常之人，然后有非常之事；有非常之事，然后立非常之功。

夫非常者，固非常人所拟也。曩者，强秦弱主，赵高执柄，专制朝权，威福由己；时人迫胁，莫敢正言；终有望夷之败，祖宗焚灭，污辱至今，永为世鉴。及臻吕后季年，产禄专政，内兼二军，外统梁、赵；擅断万机，决事省禁；下陵上替，海内寒心。于是绛侯朱虚兴兵奋怒，诛夷逆暴，尊立太宗，故能王道兴隆，光明显融：此则大臣立权之明表也。

司空曹操：祖父中常侍腾，与左悺、徐璜并作妖孽，饕餮放横，伤化虐民；父嵩，乞匄携养，因赃假位，舆金辇璧，输货权门，窃盗鼎司，倾覆重器。操赘阉遗丑，本无懿德，犷狡锋协，好乱乐祸。

自是士林愤痛，民怨弥重；一夫奋臂，举州同声。故躬破于徐方，地夺于吕布；彷徨东裔，蹈据无所。幕府惟强干弱枝之义，且不登叛人之党，故复援旌擐甲，席卷起征，金鼓响振，布众奔沮；拯其死亡之患，复其方伯之位：则幕府无德于兖土之民，而有大造于操也。

后会銮驾返旆，群虏寇攻。时冀州方有北鄙之警，匪遑离局；故使从事中郎徐勋，就发遣操，使缮修郊庙，翊卫幼主。

操欲迷夺时明，杜绝言路，擅收立杀，不俟报国。

若回旆方徂，登高冈而击鼓吹，扬素挥以启降路，必土崩瓦解，不俟血刃。方今汉室陵迟，纲维弛绝；圣朝无一介之辅，股肱无折冲之势。方畿之内，简练之臣，皆垂头搨翼，莫所凭恃；虽有忠义之佐，胁于暴虐之臣，焉能展其节？又操持部曲精兵七百，围守宫阙，外托宿卫，内实拘执。惧其篡逆之萌，因斯而作。

此乃忠臣肝脑涂地之秋，烈士立功之会，可不勖哉！操又矫命称制，遣使发兵。恐边远州郡，过听给与，违众旅叛，举以丧名，为天下笑，则明哲不取也。即日幽并青冀四州并进。书到荆州，便勒现兵，与建忠将军协同声势。州郡各整义兵，罗落境界，举武扬威，并匡社稷：则非常之功于是乎著。

其得操首者，封五千户侯，赏钱五千万。部曲偏裨将校诸吏降者，勿有所问。广宜恩信，班扬符赏，布告天下，咸使知圣朝有拘迫之难。如律令！

陈霸先多用敌将

◎太刚则折，至察无徒。——《晋书·刘隗列传》

陈霸先（503—559年），字兴国，小字法生。汉族。吴兴郡长城县（今浙江省湖州市长兴县）人。卓越的军事家、政治家。初仕梁，曾辅佐王僧辩讨平侯景之乱。天成元年（555年），杀僧辩，立敬帝，自为相国，封陈王。败北齐，排僧辩余党，受百姓所拥戴，后受禅称帝，国号陈，都建康，在位3年，谥武皇帝，庙号高祖。

陈霸先，南朝最后一个王朝陈的开创者，世称陈武帝。他出身小吏，以勤勉得到梁朝宗室萧映的赏识。萧映任广州刺史，他随同赴任，为中直兵参军。萧映死后，他又参预平定交州的叛乱，任西江督护、高要（今广东肇庆）太守，督七郡诸军事。梁武帝太清二年（548年）冬，侯景作乱，包围都城建康。太清三年，陈霸先于广州起兵，后受湘东王萧绎节制，与王僧辩共同消灭侯景。萧绎即位后，陈霸先为南徐州刺史，镇守京口（今江苏镇江）。萧绎被西魏俘虏杀害后，陈霸先攻杀王僧辩，独揽朝政，并于梁敬帝太平二年（557年）接受敬帝禅让，正式建立陈朝。

《陈书》的作者姚思廉曾这样评价陈霸先："高祖（指陈霸先，下同）智以绥物，武以宁乱，英谋独运，人皆莫及。"这"莫及"之处，用姚思廉之父姚察的话来说，就是"英略大度，应变无方，盖汉高、魏武之亚矣"。陈霸先由寒微的小吏而最终能成为一代君王，与他豁达大度、能任用过去的仇敌是分不开的。

陈霸先对待侯瑱，就很能显示他的博大胸怀。侯瑱本来是梁鄱阳王萧范手下战将，后来参加王僧辩对侯景的征讨战争，在剿除侯景势力的战斗中发挥过很大的作用。梁元帝在江陵败亡后，侯瑱成了豫章一带的重要军事力量。陈霸先诛除王僧辩后，曾征侯瑱入朝，希望取得侯瑱的支持。侯瑱却因自己曾侍奉过王僧辩，只在表面敷衍，不肯屈从陈霸先。

陈霸先在梁绍泰二年（556年）二月平定会稽张彪后，命周文育领军往湓城袭击侯瑱，但侯瑱已有防备，周文育碰了个钉子。这时，正好有北齐军大举进犯建康，陈霸先急召周文育火速回救台城，侯瑱受到袭击，与陈霸先嫌隙自然更深。他乘陈霸先忙于对付北齐的时机，加快了对周边势力的吞并。周边对侯瑱威胁最大的力量是新吴的余孝顷。侯瑱在绍泰二年（556年）四月留堂弟侯奫守豫章，自己全力以赴进攻余孝顷，但一直到初秋仍未攻下。侯瑱就在余孝顷新吴城外筑了一个长长的包围圈，并抢收了余孝顷城外所有禾稼，企图困死余孝顷。岂料后院失火，部下侯平与侯奫发生争执，侯平一怒之下，率士卒袭击侯奫，把豫章掳掠一空，席卷了军府中所有的伎妾玉帛，逃往建康投奔了陈霸先。

侯瑱失去根本，将士溃散，他逃回豫章，豫章人又拒绝他入城，侯瑱只好领了亲信投到自己的部将焦僧度军中。焦僧度劝他投奔北齐，但侯瑱认为陈霸先宽容大度，一定会容纳自己，就前往建康请罪。陈霸先见侯瑱到来，果然不计前嫌，恢复了他的爵位，授侯瑱为司空。侯瑱后来也没有辜负陈霸先的信任，成了新兴的陈王朝的顶梁柱，多次带兵解除危难。陈霸先死后，侯瑱更是立下赫赫战功，击溃了对陈王朝威胁最大的王琳集团，又击溃了北周的军事入侵。

与侯瑱相仿的是鲁悉达。鲁悉达在梁末保有晋熙、新蔡等五郡之地（在今安徽潜山与湖北黄石一带）。梁末，王琳已投靠北齐，占据今武汉一带，其余藩镇豪强纷纷拥兵自重，鲁悉达也割据一方。但他夹在王琳和建康两大强势之间，既不敢妄自尊大，又不甘俯首称臣。当时，王琳仰仗北齐支援，兵势最盛，他已具备进兵挑战建康的实力，但王琳怕进兵后受到鲁悉达的腹背之击，故而不敢轻举妄动。王琳为了获得鲁悉达的支持，就遣使授鲁悉达为镇北将军。陈霸先也在争取鲁悉达的归顺，特遣心腹谋士赵知礼招抚鲁悉达，授其为征西将军、江州刺史。鲁悉达不偏不倚，保持中立态度，对两边送上的封赠照单全收，包括鼓吹女乐，概不拒绝。但军事上，却不肯后退一步，不接受任何一方的实质性控制。

陈霸先识破了鲁悉达的骑墙用意，因而遣将军沈泰潜军偷袭，企图解除隐患。沈泰进兵，未能取胜。王琳在多次招诱失败后，也勾结北齐共同进攻鲁悉达，双方相持一年多。

陈永定年间（557—560年），鲁悉达部将梅天养勾结齐军突破城防。鲁悉达失守，率领数千部属渡江撤退到南方。穷途末路之际，也往建康投奔陈霸先，同样受到了陈霸先的重用。《陈书》描写了两人相见时的情景：“高祖见之，甚喜，曰：‘来何迟也？’悉达对曰：‘臣镇抚上流，愿为藩屏，陛下授臣以官，恩至厚矣，沈泰袭臣，威亦深矣，然臣所以自归于陛下者，诚以陛下豁达大度，同符汉祖故也。’高祖叹曰：‘卿言得之矣。’”陈霸先对鲁悉达的欣赏之情溢于言表，可见陈霸先的度量已为他的敌人所信服。而这些昔日的仇敌，后来都随陈霸先东征西讨，为他创建政权立下汗马功劳，成为开国元勋。

鲁悉达和侯瑱原先同为陈霸先的强劲对手，都是溃败后投奔陈霸先的，而梁将韦载曾举兵公开对抗过陈霸先。

韦载是梁朝名将韦睿之孙，时任义兴太守。陈霸先出兵袭击王僧辩之前，知道韦载是王僧辩的心腹，便命侄子陈蒨前往家乡长兴保护族人，又命周文育轻军袭取义兴。周文育军抵义兴前，却被韦载探知，于是韦载就闭城固守，又联络吴兴杜龛、会稽张彪等共同举起了反旗。韦载守城故意录用原来隶属陈霸先的旧兵，这些旧兵都擅长弓弩。周文育苦攻不下，双方相持数十天。陈霸先只好亲自领兵出征，先攻克韦载水栅，又遣韦载的族弟入城相劝，晓以大义，韦载才率领部下归降陈霸先。陈霸先对韦载十分器重，不仅视才录用其部下，还留其在身边，随时参与军机大事，完全不计较韦载之前的敌对。后来，徐嗣徽、任约勾结齐军渡江时，韦载向陈霸先出计，果然取得了战争的胜利。

以上三将最后建功立业，都和陈霸先爱才、惜才、用才的诚恳态度有关。这种开阔胸怀，陈霸先其实一以贯之，即使对待并不隶属自己的友军，同样能充分显示自己英略大度的个性。

陈霸先一生，尽管处理军务的时候比较多，但对军事问题的处理无不着眼于政治的高度，善于运用政治手段解决军事争端。作为政治家，陈霸先有着他人难以企及的开阔胸襟，能容忍下属具有不同意见，甚至包括不同政见。

当初，王僧辩作为梁元帝的亲信大臣，其地位和势力都超过陈霸先。王僧辩被诛，陈霸先立刻遭遇许多人的挑战，挑战者都来自原来的王僧辩集团。如海宁人程灵洗，捕吏出身，在抗击侯景势力的战争中立下军功，后隶属王僧辩。陈霸先袭击石头城时，王僧辩属下只有程灵洗出兵前来救援，和陈霸先的将士激战于西门。程灵洗战事失利，力屈途穷。陈霸先遣使招谕，程灵洗"久之乃降"。陈霸先并未因为他武力抗争而心生芥蒂，反而"深义之"，授其以高位，让他助防京口重镇。陈霸先重用程灵洗，显示了一个政治家的宽宏雅量。程灵洗父子后来也忠心耿耿，都成了陈王朝的高层骨干力量。

梁陈时期的著名文学家徐陵在侯景反梁前曾出使北齐，奉梁武帝之命，准备迎接被俘的贞阳侯萧渊明回国，结果因爆发侯景之乱而滞留异域，饱尝流离之苦。徐陵多次向北齐朝廷请求回国，北齐一直不予理睬。梁承圣四年（555年），北齐文宣帝高洋因江陵覆灭，西魏势力南侵，也想在南方培植自己的势力，因而遣上党王高涣领兵，武力护送萧渊明到建康称帝，并选徐陵作为陪臣来辅佐他，共同南返。徐陵这时才重新燃起返回故国的希望之光。萧渊明致王僧辩、陈霸先的信件，都是徐陵撰写的。萧渊明抵达建康后，让王僧辩喜出望外的是获得了徐陵，因而礼遇隆重，授徐陵为尚书吏部郎、掌诏诰。徐陵也十分珍视王僧辩的知遇之恩。不料陈霸先袭杀王僧辩，萧渊明黜位，这使徐陵十分伤感和不满，就在当年底趁任约、徐嗣徽袭占石头城时，偷偷溜入敌方阵营。按照徐陵的预测，建康朝廷是挡不住北齐大兵袭击的。然而，北齐尽管强盛，终不及陈霸先神武，北军屡战屡败，全被困入石头城中。最后因双方盟和，北军才在陈霸先大军的监视下撤回江北。徐陵无奈，依旧返回建康。陈霸先虽然清楚徐陵私通外敌的行为，却释而不问，仍然继续任用徐陵，授其为"贞威将军"、"尚书左丞"。

将军沈泰本是会稽张彪的部下，于梁绍泰二年（556年）投降陈蒨，后隶属陈霸先帐下，在抗击北齐和王琳的历次战争中，都受到了陈霸先的重用。陈永定二年（558年）二月，沈泰见陈国国势微弱，乘在前线与鲁悉达对峙之机，率军投降了北齐。当时，正值周文育、侯安都全军覆没不久，新兴的陈王朝面临着王琳和北齐强大的军事压力，沈泰举军投降敌国，无疑使陈霸先雪上加霜。从这一角度讲，沈泰的罪行可谓不可饶恕。但陈霸先没有意气用事，除授命侯瑱总督水步两军，防遏沈泰引敌入侵外，对沈泰投敌的后事，也作了妥善处理。

三月，陈霸先针对沈泰叛国专门下了一道诏书，这道诏书很能反映陈霸先待人处世的宽广胸怀，诏书全文如下："罚不及嗣，自古通典，罪疑惟轻，布在方策。沈泰反覆无行，遐迩所知，昔有微功，仍荷朝寄，剖符名郡，推毂累藩，汉口班师，还居方岳，良田有逾于四百，食客不止于三千，富贵显荣政当如此。鬼害其盈，天夺之魄，无故猖狂，自投獯丑。虽复知人则哲，惟帝其难，光武有蔽于庞萌，魏武不知于于禁，但令朝廷无我负人。其部曲妻儿各令复业，所在及军人若有恐胁侵掠者，皆以劫论。若有男女口为人所藏，并许诣台申诉。若乐随临川王及节将立效者，悉皆听许。"

这诏书一方面对沈泰的反叛行为严加斥责；另一方面又分清首恶与胁从的不同，防止有人乘机掠夺、侵害沈泰将士家属。这种罚不及嗣，不搞株连，"但令朝廷无我负人"的宽宏胸怀，在古代封建君王中是十分理智和难能可贵的。

◎故事感悟

清代史学家赵翼很赞赏陈霸先的容人之量，指出："(杜僧明等人)或临阵擒获，或力屈来降，帝皆释而用之，委以心膂，卒得其力，以成偏安之业。其度量恢廓，知人善任，固自有过人者。"应该说，这个评价是很恰如其分的。古代君王凡能成大业、有所作为者，大都有宽大的胸怀，陈霸先亦如此。

◎史海撷英

陈朝

陈朝亦称南朝陈、南陈(557—589年)，是中国历史上南北朝时期，南朝的最后一个朝代，由陈霸先所创建，都建康，控制江陵以东、长江以南的地区。陈朝建立时已经出现南朝转弱、北朝转强的局面，陈朝刚建立时面临北方政权的入侵，形势十分危急。陈朝开国皇帝陈霸先带领军队一举击败敌军，形势有所好转。亡国之君为后主陈叔宝，陈最后被隋文帝所灭。历五帝，共33年。中国历史上朝代名与皇帝之姓重合者，仅陈朝一家。

其实陈霸先并不是在四方平定、八面颂歌的时候改朝称帝的，当时整个南方政权都处在危难之中，梁朝几代皇帝都无善终：梁武帝是饿死的，简文帝是被土埋闷死的，元帝在投降后受尽侮辱被活埋；还有萧正德、萧栋、萧纪、萧渊明等都贵为王侯，下场却都很悲惨。王朝的兴废、政局的动荡让曾经富庶的江南生灵涂炭。而这个时候，如果没有一个强势的皇帝，那自东晋以来的南方汉族文化就会遭到严重的破坏。于是，历史选择了陈霸先，他受命于危难之际，攘臂于无望之时。陈朝立国，正值侯景之乱不久，连续数年的战乱对南方的经济、文化造成了严重的破坏。陈朝的几位君主一边平定大大小小的地方割据，一边医治战争创伤，南方的经济、文化逐渐得到了恢复。陈霸先打下基础后，继承人陈文帝励精图治，国势逐渐强盛起来；陈宣帝为了实现陈霸先的统一遗愿，兴兵北伐，战败北齐，拥有了淮南之地，这是陈朝鼎盛时期。后因陈后主溺于酒色，不图进取，江山最后“让”给了隋朝。

郭进不杀军校

◎关公放了曹丞相，丈夫要有容人量。——中国谚语

郭进（922—979年），北宋名将。深州博野人。少贫贱，为钜鹿富家佣保。有膂力，倜傥潇洒，结豪侠，嗜酒好赌。所治之地皆有善政，进尝于洺州四面植柳，壕中种荷芰蒲藕，后益繁茂。郡民见之有垂涕者，曰："此郭公所种也。"

郭进是宋初一员武将，少时为佣保，为人豪直刚烈，处罚属下毫不留情。宋太祖曾提醒即将加入郭进帐下的官兵说：你们在郭进手下做事需小心谨慎。如果得罪招祸，连我也无法帮助你们。

郭进当时任西山巡检，率兵防御北汉的刘继元，郭进属下一名军校跑到朝廷告密，说郭进私通外朝，与刘继元相互勾结，图谋反叛。宋太祖亲自审问了军校，得知是诬告，便命人将其捆绑起来，押解回山西，交由郭进，让他亲自杀了军校泄恨。

然而，郭进却宽容地保护了他。

时值北汉入侵，郭进亲自为军校解绑，说："你竟然敢在朝廷上诬告我，说明你确实有点胆量，现在我暂且赦免你的罪，你若能夺取河东刘继元的一城一寨，我不但不杀你，还向朝廷举荐你，为你谋个官职。如果失败了，就自己投河自尽吧，免得玷污了我的宝剑。"

这是告密者根本无法想象的，告私状竟然被说成有胆量。免罪之外，还给杀敌立功的机会。那个军校上阵后奋力拚杀，后用计诱使刘继元的一城降

宋。郭进果不食言，特地把这件事写成奏折上奏朝廷，请求封赏这个军校，并让他持书直接去见皇帝。

宋太祖看罢奏折，召见那名军校，说：你前番告密，陷害忠良，此次立功仅可抵罪，要赏官是不可能的。军校只好退回郭进营中。郭进再次向宋太祖请求说，我答应过不再追究他的诬告，许诺立功受赏，陛下不封官给他，会使得我失信于别人，以后就不能再管人了。宋太祖终于答应了郭进的请求，封给那军校一个官职。

史称“进有干才”、“能以权道任人”，不杀军校既是一种用人之术，又体现了郭进的宽广胸怀。

◎故事感悟

在战乱年代，敌我、攻防是常常变化的，能不计前嫌、化敌为友，就能笼络人心，壮大自己。郭进的处事方法无疑是有胸怀与有远见的表现。

◎史海撷英

赵匡胤陈桥兵变黄袍加身

959年（后周显德六年），后周世宗柴荣病死，继位的恭帝年少只有7岁，因此政局不稳。显德七年正月初一，忽然传来辽国联合北汉大举入侵的消息。当时主政的符太后乃一介女流，毫无主见，听说此事，茫然不知所措，最后屈尊求救于宰相范质，皇室威严荡然无存。范质暗思朝中大将唯赵匡胤才能解救危难，不料赵匡胤却推脱兵少将寡，不能出战。范质只得委赵匡胤最高军权，可以调动全国兵马。

几天后，赵匡胤统率大军出了东京城（今河南开封），行军至陈桥驿（今河南封丘东南陈桥镇）。当时，大军刚离开不久，东京城内起了一阵谣传，说赵匡胤将做天子。这个谣言不知是何人所传，但多数人不信，朝中文武百官也略知一二，谁也不敢相信，却已慌作一团。

赵匡胤此时虽不在朝中，但东京城内所发生的一切他都了如指掌，而且这也是他的杰作。周世宗在位时，他正是用此计使驸马张永德被免去了殿前都点检的职务而由他接任。赵匡胤知道皇帝的心理，就怕自己的江山被人夺走，所以他们的疑心很重。这次故计重施，是为了造成朝廷的慌乱，并使他的军队除了绝对听命于他外别无他路。而就在陈桥驿这个地方，赵匡胤的弟弟赵匡义（即后来的宋太宗赵光义）和归德军掌书记赵普授意将士把黄袍披在赵匡胤身上，拥立他为皇帝。正月初四，赵匡胤率军回师开封，逼使恭帝禅位，轻易地夺取了后周政权，改国号为“宋”，建立了赵宋王朝。

◎文苑拾萃

次韵刘端礼兼简王民瞻郭进道

（宋）李处权

从来膏粱鄙世胄，岂知牛后与鸡口。
况乃末俗交道衰，时态纷纷翻覆手。
刘君门多长者辙，俗子驱车未容蹂。
斯文博约有王郎，正如白二得元九。
子猷无事只种竹，渊明有巾惟漉酒。
万钟五斗唾不顾，冷笑累累印如斗。
我今已无田园归，身外宁论婚嫁有。
卞和三献已两刖，被褐会当逢一剖。
今君家世自汾阳，汉相人物何堂堂。
坐使斯民歌乐康，岂弟之化如龚黄。
趣君移具过吟窗，羽虫得时已飞扬。

辽太祖宽大为怀

◎宽而栗，严而温。开诚心，布大度。——康有为《上清帝第一书》

耶律阿保机（872—926年），辽国开国皇帝，史称辽太祖。他是德祖皇帝耶律撒剌的长子，其母为宣简皇后萧氏（萧岩只斤）。契丹族，耶律氏，汉名为亿，小名为啜里只，字阿保机。为契丹迭剌部首领，勇善射骑，明达世务，并契丹余七部。任用汉人韩延徽等，制定法律，改革习俗，创造契丹文化，发展农业、商业。通过向汉族学习，促进了契丹封建化的过程。后梁贞明二年（916年），群臣及诸属国上尊号曰大圣大明天皇帝。在位20年，即帝位11年，庙号太祖。

辽太祖耶律阿保机自幼聪敏，才智过人。长大成人后，身体魁梧健壮，胸怀大志，而且武功高强。《辽史》上说他“身长九尺，丰上锐下，目光射人，关弓三百斤”。值伯父释鲁掌权，推荐阿保机出任可汗的挞马狘沙里（扈卫官），组建侍卫亲军。凭藉这支精锐武装，阿保机迅速崛起。907年，在心腹支持下，阿保机即皇帝位，成为契丹八部首领。

阿保机成为部落首领后，他的弟弟数次造反，均被阿保机挫败。911年，阿保机的弟弟剌葛、迭剌、寅底石、安端等联合谋反。安端的妻子向阿保机告密，阿保机证实后，不忍心杀害兄弟，便和诸弟登山祭天，让他们向天发誓不再谋反，宰了祭牲后，就将他们赦免了。

第二年秋，阿保机出征在外，他的兄弟又一次造反，率兵在平州阻击阿保机，失败后罢兵谢罪。阿保机再次给予宽大，“许以自新”。不料剌葛等人在次年又举兵闹事，安端率领上千名骑兵，谎称朝中召见，闯入宫中，欲发动宫廷政变。阿保机怒斥道："你们谋逆造反，我数次加以宽恕，让你们改过自新，可是你们竟然如此反复无常。"先下手将安端拿下。剌葛自称天子，派寅底石引兵直趋阿保机行宫，焚其辎重、庐帐，纵兵大掠。皇后急忙遣将相救，阿保机击溃叛军后，秣马休兵，并不急于追杀。部将疑惑不解，要求快速追杀。阿保机笑道："不用着急，现在追击，叛军必狗急跳墙，拼死一战。让他们逃远点，然后那些士兵必定会思念故乡亲人。待敌军心动摇之时，我迅速出击，必能一举成功。"

次年春，阿保机扫平叛军，剌葛用绳索自缚，牵着羊到哥哥阿保机帐下谢罪。阿保机用棍子将他痛打一顿后予以释放。他说寅底石、安端性本庸弱，且为剌葛所胁迫，让他们认错后，将其释放回家。其余逆党300多人经过部落元老的审判，全都定为死罪。阿保机说，人命至重，死不复生。就在处死这些人之前大宴一日，尽其平生所好，这些人喝得酒酣耳热，唱歌跳舞，摔跤赛箭，狂欢了一天，然后全被当众斩首。

阿保机派人到各个营帐宣读叛逆者的罪状，他不无感叹地说："置人于死地，本不是我的愿望。如果他们仅仅是反对我个人，还可以宽大。但叛逆者恣行不道，残害忠良，涂炭生民，剽掠财产，致使百姓苦不堪言。这次叛乱使国家损失上万匹马，老百姓现在都没马可骑，这是建国以来从未有过的事，不杀不足以平民愤。"

阿保机杀了不少叛乱者，却赦免了数次反他的兄弟。他称帝后，寅底石、安端等人还做了大官，依旧不失富贵。阿保机顾念手足之情，刀下留人，为史官所称道，说他德高于周公。为了皇位，兄弟相残之事史不绝书，阿保机能够几次三番宽恕其弟，也确实不容易。反过来看，能宽恕敌人也表明自己力量的强大。

辽太祖不仅对自己的兄弟宽怀仁德，对于贤才也能不计前过，大胆任用。

韩延徽，字藏明，生于唐末，幽州安次（今河北省安次西）人，其父累任蓟、儒、顺三州刺史。韩延徽曾在藩镇刘仁恭属下任幽都府文学，平州录事参军、幽州观察度支使。刘守光代父掌幽州藩镇后，派韩延徽出使契丹。韩延徽恪守儒家“夷夏有别”的传统，不认阿保机为正统君主，不愿对他行跪拜礼，以示不辱身份。阿保机大怒，将他扣留下来，押往草原去牧马。皇后述律劝谏阿保机说：“韩延徽作为一个使者能守节不屈，说明他是个有德行的人，为什么要扣押凌辱呢？应该待之以礼，对他重用。”阿保机觉得皇后的话有道理，便把韩延徽召回与之交谈，询问军国大事，韩都对答如流，深得阿保机赏识。于是以礼慰留，命为高参。韩延徽也不负太祖，多次给阿保机出谋划策，辽国攻服党项、室韦，以韩延徽之策居多。韩延徽又建议阿保机建城郭，划分市、里，以安排招降的汉人。又为这些人安排配偶，令其垦植，以维持生计，所以很少有人逃亡。

韩延徽身在契丹虽受礼遇，但居住长久之后，难免思念中原家乡及年迈的母亲。同时，作为一个汉族士大夫，为胡族君主服务总觉得不是滋味，因此不辞而别，逃归后唐。后唐庄宗李存勖本想任用他，手下一个叫王缄的将领却说：“此人反复无常，不可靠。”韩延徽得知这情况，便请求李存勖允许他回乡探母。然后躲藏到幽州（今北京市）友人王德明家里，其实是因为投奔故国遭人怀疑想重返契丹。王德明得知他要返回契丹，认为阿保机不会容忍他不辞而别，不免为他担心，说：“你从契丹叛逃，现在又回去，岂不是自寻死路？”韩延徽颇有把握地说：“阿保机自从我离开，就好像丧失了双目和手足；如今我回去，他的手足和双目完好如初，高兴犹不及，岂肯害我？”

韩延徽回到契丹后，阿保机问他为什么逃跑，韩延徽说：“忘亲非孝，弃君非忠。臣虽挺身而逃，然心在陛下，臣是以复来。”阿保机非常高兴，不仅没有惩罚他，反而赐名为“匣列”，即契丹语复来之意。还当即任命他为守政事令（就是宰相，契丹人称韩延徽为“崇文相公”）、崇文馆大学士，朝廷内外的大事都让他参预决策。

韩延徽历仕太祖、太宗、世宗、穆宗四朝，备受恩宠信任。辽国初年，诸事草创，营建宫殿，确定君臣名份、等级，朝廷法度井井有条，各项制度多由此而立，因此而被誉为佐命功臣。

◎故事感悟

从辽太祖阿保机能容诸兄弟和韩延徽的种种事件，即可知其为胸怀大度之人。韩延徽任官于契丹，不辞而别，在古代即为叛臣，虽去而复归，亦应获罪。阿保机不仅未将其治罪，反而大加重用，让他主持政务，可见他胸怀宽大，用人不疑。

◎史海撷英

阿保机缔造契丹

建国之后，阿保机着手制定新制度，参照汉族的政治模式，对遥辇氏20部族进行改造，建立起了新的国家机构。

天赞元年（922年），阿保机将“人众势强，故多为乱”的迭剌部析为五院部和六院部，各置夷离堇，隶北府，使迭剌部夷离堇由最高军事首领削为北宰相府下的一级官员。

彻底废除部落世选制，立长子倍为皇太子，确立皇位世袭。

创“斡鲁朵”（宫卫）制，建成特殊的皇权侍卫，“入则居守，出则扈从”，成为对内镇压异己，对外扩张的一支核心力量。

健全法制，制定契丹第一部法典《决狱法》。组织人力创制契丹文字。本着“因俗而治，得其宜”的原则，制定民族政策。

中央官制分南北，“（北面）以国制治契丹，（南面）以汉制待汉人”。

大力吸收汉文化，仿唐代长安，修建皇都，即后来的辽上京；兴建孔庙、佛寺、道观等。

置州县，立城郭，定赋税，模仿汉地的制度来管理在战争中俘掠的大量汉人。从此，契丹社会在奴隶制成分仍占重要比重的情况下，封建制成分得以迅速发展。

◎文苑拾萃

辽太祖传（节选）

赞曰：辽之先，出自炎帝，世为审吉国，其可知者盖自奇首云。奇首生都菴山，徙潢河之滨。传至雅里，始立制，置官属，刻木为契，穴地为牢，让阻午而不肯自立。雅里生毗牒。毗牒生颏领。颏领生耨里思，大度寡欲，令不严而人化，是为肃祖。肃祖生萨剌德，尝与黄室韦挑战，矢贯数札，是为懿祖。懿祖生匀德实，始教民稼穑，善畜牧，国以殷富，是为玄祖。玄祖生撒剌的，仁民爱物，始置铁冶，教民鼓铸，是为德祖，即太祖之父也，世为契丹遥辇氏之离堇，执其政柄。德祖之弟述澜，北征于厥、室韦，南略易、定、奚、霫，始兴板筑，置城邑，教民种桑麻，习织组，已有广土众民之志。而太祖受可汗之禅，遂建国。东征西讨，如折枯拉朽。东自海，西至于流沙，北绝大漠，信威万里，历年二百，岂一日之故哉！周公诛管、蔡，人未有能非之者。剌葛、安端之乱，太祖既贷其死而复用之，非人君之度乎？旧史扶余之变，亦异矣夫！

——《辽史 · 卷一本纪第一》

成吉思汗用人不计恩怨

◎人非尧舜，谁能尽善。——唐·李白《与韩荆州书》

铁木真（1162—1227年），成吉思汗，庙号元太祖。蒙古族。按照蒙古起名传统，铁木真全名应为奇渥温·孛儿只斤·铁木真。成吉思汗是蒙古帝国奠基者、政治家，世界史上杰出的军事统帅。1206年，他被推举为蒙古帝国的大汗，统一蒙古各部。在位期间多次发动对外征服战争，征服地域西达西亚、中欧的黑海海滨。1271年元朝建立后，忽必烈追尊成吉思汗庙号为太祖，谥号法天启运圣武皇帝。

在12世纪中叶，我国北方草原地区崛起了一支强大的游牧民族——蒙古族。它的崛起，应归功于其著名领袖铁木真，即后来的成吉思汗。成吉思汗先后依靠军事手段统一了蒙古各部，征服了漠北草原，又把势力扩大到中亚、东欧的广大地区，建立了一个横跨欧亚大陆、绵延数万里的大帝国。他不仅胸襟宽阔，有雄才大略，而且善于用人，尤其是用人不计恩怨，更是令人称道。

只要是政治形势需要，成吉思汗就会不计前嫌。对于所有投奔他帐下的人，他都一概欢迎。

成吉思汗9岁的时候，他的父亲带着他去邻近塔塔统部落相亲，在其父独自归来的途中，大意地以为仇恨已经随时间流逝，到一个宿敌的营中吃喝，结果慢性中毒，回到自己的营中身亡。

其父临终时，将铁木真托与一个叫蒙力克的人。蒙力克假托其父思念爱子，将当时刚刚9岁的铁木真从他未来的岳丈处带了回来。

后来，在铁木真成为大汗之前，与他的安答（结拜兄弟）扎木合分道扬镳前夕，这个蒙力克和他的部众却舍弃铁木真，投札答阑部首领扎木合而去。

成吉思汗在早期的统一活动中曾联合札木合，但成吉思汗势力的强大渐渐引起了札木合的敌视。双方首先爆发了有名的十三翼之战，成吉思汗在这次战役中遭到失败，扎木合“鼎烹”了那些落到他手上的战俘——尤其是曾属于他而投奔了铁木真的那些部众。但战败的成吉思汗却因为对手的这种残酷之举“赢得了比战争更珍贵的东西”，很多人转而投奔到他的旗下，包括曾经背叛了他的蒙力克和他的7个儿子，铁木真不计前嫌地接纳了他们。

1201年，札木合联合泰赤乌等部又向成吉思汗发动了更为激烈的进攻。成吉思汗联合克烈部的王罕奋力还击，结果大败札木合及泰赤乌等部。成吉思汗在这次战役之后，收降了大批泰赤乌等部的部众，史载“时帝功德日盛，泰赤乌诸部多苦其主非法，见帝宽仁，时赐人以裘马，心悦之。若赤老温、若哲别、若失力哥也不干诸人，若朵郎吉、若札剌儿、若忙兀诸部，皆慕义来降。”由此可见，这些部众的降附，与成吉思汗的宽仁有很大关系。这批人投附后，多得到重用，如赤老温就成为蒙古帝国的“国初四杰”之一，勇将哲别则成为成吉思汗的得力战将。

关于哲别的投附，《蒙古秘史》中有一段记载，充分体现了成吉思汗不计恩怨的用人作风。

在大战的第二天，曾为泰赤乌脱朵格家人的锁儿罕·失剌和哲别两人也来了。成吉思汗说：“在阔亦田大战互相对峙持械待发之际，从那山岭上射来了一支箭，把我那披甲的白口黄马锁子骨射断了，是谁从山上射的？”对这句话，哲别说：“是我从山上射的，如今可汗若要叫我死，不过染污手掌大的一块土地；若被恩宥，愿在可汗面前横渡深水，冲碎坚石。”成吉思汗说：“凡曾是敌对的，都会把自己之前的所作所为隐匿起来，而你却把这些事不加隐讳地告诉我，是值得做友伴的人。就给他改名叫做哲别（意为箭镞）。哲别后来为成吉思汗南征北战，四处冲杀，屡次战功，成为成吉思汗建立蒙古帝国的得力助手。

成吉思汗善于用人、不计恩怨的另一个例子是收降畏兀人塔塔统阿。塔塔统阿“性聪慧，善言论。深通本国文字。乃蛮大扬可汗尊之为傅，掌其金印及钱谷”。成吉思汗西征，灭乃蛮。塔塔统阿不仅没有投降，反而带着金印逃走了，不久遭擒获。成吉思汗诘问他说：“大扬的人民、疆土现在都归我了，你带着金印往哪里去？”塔塔统阿毫无惧色地说：“臣职也，将以死守，欲求故主授之耳，安敢有他！”按照蒙古人的习惯，凡不降者，都格杀勿论，但成吉思汗并没有下令杀他，甚至对他的不屈言论毫无恼怒之色，反而说：“忠孝人也！”随后还询问金印有什么用处，塔塔统阿深为成吉思汗的大度所感动，对成吉思汗说：“出纳钱谷，委任人材，一切事皆用之，以为信验耳。”成吉思汗非常赞赏他的话，遂命他随时在自己左右，以后凡有制旨，始用印章，仍命塔塔统阿掌印。就这样，塔塔统阿成了成吉思汗的忠实大臣。成吉思汗又命他教太子和诸王用畏兀字拼写蒙古语。死后赠中奉大夫，追封为雁门郡公。

◎故事感悟

善于用人，不计恩怨，特别是能够任用反对过自己的人，使成吉思汗获得了很多人才。他之所以能够统一漠北草原，建立横跨欧亚的大帝国，这也是一个重要的因素。

◎文苑拾萃

过成吉思汗驿

（清）袁金铠

成吉思汗地，犹留怪杰踪。一龙极天矫，万马昔横冲。
余亦能过此，昔人不可逢。山川剩陈迹，瞻眺扩诗胸。

朱元璋不以前过为过

◎以爱己之心爱人则尽仁。——张载

朱元璋（1328—1398年），明王朝的开国皇帝。原名重八，后取名兴宗。汉族。濠州（今安徽凤阳县东）钟离太平乡人。25岁时参加郭子兴领导的红巾军反抗蒙元暴政，龙凤七年（1361年）受封吴国公，十年（1364年）自称吴王。元至正二十八年（1368年），在基本击破各路农民起义军和扫平元的残余势力后，于南京称帝，国号大明，年号洪武，建立了全国统一的封建政权。朱元璋统治时期被称为“洪武之治”。死后葬于明孝陵。

朱元璋起兵的目的是推翻元朝，应该说他与元朝是水火不相容的。但是，朱元璋的目光却注视着元朝营垒中的文武人才，并努力争取，为己所用。其中，秦从龙和郭云等就是有代表性的被朱元璋招至麾下的文臣和武将。

朱元璋攻心为上，很早便宣布对元朝人士“不以前过为过”的政策，因为仕元者不乏贤才。秦从龙是元朝的江南行台侍御史，颇有名声。战乱起后，秦从龙弃官豫居镇江，朱元璋早就留心到这位人物。徐达率军攻取镇江前，朱元璋便与他交待“镇江有秦元之（秦从龙的字）者，才器老成。入城，当为吾访之”，将寻访秦从龙作为徐达入城的一项重要任务。徐达访得秦从龙后，朱元璋立即派他的侄子朱文正带着黄金火速前往聘请。秦从龙来后，朱元璋亲自出门迎接，“呼先生而不名”，极示尊敬。

郭云是元朝的一员武将，忠于元室。朱元璋北伐时“元主北奔，河南郡县皆下，云独坚守，大将军徐达遣指挥曹谅围之，云出战，被执。大将军喝之跪。云植立，谩骂求死”。徐达将郭云押解南京，朱元璋爱惜郭云的为人，立即释绑。当时朱元璋正在读《汉书》，问郭云是否认字，郭云说“可以”，朱元璋将《汉书》交给郭云读，读起来相当熟练，“帝大喜，厚加赏赐，用为溧水知县，有政声。帝益以为贤，特擢南阳卫指挥佥事。”因为郭云在河南南阳家乡有较大影响，当时聚集家族部曲甚众，朱元璋又让他回南阳收集部曲，负责当地的防务，一直到郭云病死。

朱亮祖原先也是元朝义兵元帅，朱元璋进攻宁国时，朱亮祖被擒。朱元璋欣赏朱亮祖勇猛顽强，赐给金银不少，仍让其统领军队。但几个月后，朱亮祖又叛离朱元璋而归顺元朝，不仅几次同朱元璋对峙作战，还击伤朱元璋的名将常遇春，俘虏朱元璋的军士6000人，气焰嚣张，“诸将莫敢前”。朱元璋只好亲率大军接战，打败并活捉了朱亮祖。朱元璋问朱亮祖打算怎么办，朱亮祖回答说“生则尽力，死则死耳”，朱元璋于是抛弃前嫌“壮而释之”。自此朱亮祖一心忠于朱元璋，屡建战功，被封为永嘉侯。

明蕲国公康茂才，原先也是元朝将领，曾拥兵力拒朱元璋，“移戍采石，扼江渡”。后来朱元璋攻下集庆，康茂才无路可走，不得已降了朱元璋。朱元璋以礼待之，仍令其统率自己的军队。当朱元璋与陈友谅交战时，陈友谅兵力上占一定优势，康茂才利用与陈友谅的旧关系，骗陈友谅军进攻江东桥，称自己作内应。当天夜里，陈友谅军悄然至江东桥，按预定信号，连呼“老康”，结果无人回应。朱军埋伏四周，突然围攻，陈军大败。康茂才对朱军击败陈军起到了关键作用。

胡美原为陈友谅江西行省丞相，驻守龙兴，朱元璋派人招降胡美，胡美表示可以考虑投诚，但希望“无散部曲”，即不解散他的军队。朱元璋对此有些犹疑。当时胡美使者在侧，刘基用脚轻踢朱元璋坐椅，朱元璋会意，当即下一道赐书称，“足下有效顺之诚，此足下明达也；又恐分散所部，此足下过虑也。吾起兵十年，奇才英士，得之四方多矣。有能审天时，料事机，不待交兵，挺然委身来者，尝推赤心以待，随其才任使之，兵少则益之以兵，位卑则隆之以爵，财乏则厚之以赏。安肯散其部曲，使人自危疑，负来归之心哉？”朱元璋这一番表示，至为诚恳，可视为招纳敌方人才的宣言，足见其机警与胸怀。胡美打消疑虑，率众投降，朱元璋仍任命他为江西行省丞相，后又任征南将军，洪武三年封豫章侯，是朱元璋倚重的大臣之一。

◎故事感悟

朱元璋刚刚投军时并不引人注目，可他能在天下大乱中力挫群雄改朝换代，这其中最主要的原因就是他善于理兵励气，尤其善用降兵降将，表现出一位卓越政治家特有的宽容。在打江山的战争中，朱元璋能做到宽容待人，最终得了天下。

◎史海撷英

朱元璋打击贪官

朱元璋出身贫苦，从小饱受元朝贪官污吏的敲诈勒索，父母及长兄皆死于残酷剥削和瘟疫，自己被逼迫从小出家当和尚。所以，在他参加起义队伍后就发誓：一旦自己当上皇帝，先杀尽天下贪官。

后来，他登基后果然在全国掀起轰轰烈烈的“反贪官”运动，矛头直指中央到地方的各级贪官污吏。

首先，朱元璋对贪污60两银子以上的官员格杀勿论。他诏令天下：“奉天承运，为惜民命，犯官吏贪赃满60两者，一律处死，决不宽贷。”并称：从地方县、府到中央六部和中书省，只要是贪污，不管涉及谁，决不手软，一查到底。

其次，朱元璋敢于从自己身边“高干”开刀。明初的中书省下属吏、户、礼、兵、刑、工六部，由于大量留用元朝的旧官吏以及一些造反起家的功臣，他们有恃无恐贪赃枉法。朱元璋大胆对这些官员进行惩处。

第三，朱元璋发明“剥皮实草”的残酷刑法处置贪官，这种触目惊心的举措震慑了一批官员，使他们行为大为收敛。

第四，朱元璋对自己培养的官员决不姑息迁就。为了培养和提拔新生力量，朱元璋专门成立了培养人才的国子监，为没有入仕的年轻读书人提供升迁机会。他对这些新科进士和监生厚爱有加，还经常教育他们要尽忠至公，不为私利所动。然而洪武十九年，他派出大批进士和监生下基层查勘水灾，结果有141人接受宴请，收受银钞和土特产品。朱元璋在斩杀他们时伤心得连连叹气。

第五，朱元璋制定整肃贪污的纲领——《大诰》。用近两年时间编纂的《大诰》一书是他亲自审讯和判决的一些贪污案例成果的记录，书中还阐述他对贪官的态度、办案方法和处置手段等内容，朱元璋下令全国广泛宣传这本书；他还叫人节选抄录贴在路边显眼处和凉亭内，让官员读后自律，让百姓学后监督贪官。

作为开国之君的朱元璋，“人在政举”，借助自己的崇高威望，以极其残酷的法律严惩贪官污吏，其决心之大、力度之强、措施之精确，收到了强烈震慑作用。朱元璋从登基到驾崩，“杀尽贪官”的运动始终没有减弱，但贪官现象始终没有根除。他晚年只能发出“为何贪官如此之多，早晨杀了，晚上又生一拨”的哀叹。

◎文苑拾萃

拂晓行军

（明）朱元璋

忙着征衣快着鞭，回头月挂柳梢边。
两三点露不成雨，七八个星犹在天。
茅店鸡声人过语，竹篱犬吠客惊眠。
等闲推出扶桑日，社稷山河在眼前。

李自成善待降将

◎以恕己之心恕人，则全交。以责人之心责己，则寡过。——《格言联璧》

李自成（1606—1645年），原名鸿基。明末农民起义领袖。称帝时以李继迁为太祖。世居陕西米脂李继迁寨。童年时给地主牧羊（一说家中非常富裕），曾为银川驿卒。崇祯二年（1629年）起义，后为闯王高迎祥部下的闯将，勇猛有识。崇祯八年荥阳大会时，提出分兵定向、四路攻战的方案，受到各部首领的赞同，声望日高。次年高迎祥牺牲后，他继称闯王。崇祯十六年（1643年）在襄阳称新顺王。次年正月建立大顺政权，年号永昌。不久攻克北京，推翻明王朝。

李自成是明末著名的农民起义领袖。在当时13家、72营农民义军中，他之所以脱颖而出，与其胆略过人、胸怀宽阔、广收人才是分不开的。李自成建立大顺朝以后，部下官员中百分之八十来自明朝的降将，可见李自成是多么宽容大度！初期，对明朝的降将李自成不但不记仇，还敢委以重任。

崇祯十六年（1643年）冬天，李自成于潼关大败明军，明督师孙传庭战死，义军攻克西安，明将白广恩、左光先等人先后降附，只有明将陈永福据险自守，不肯降附。其实陈永福也知道大势已去，并非不愿降，只是他的情况与诸将不同。

崇祯十四年（1641年）岁末，李自成第二次围攻开封的时候，明朝巡按高名衡、推官黄澍、总兵陈永福、游击左明国等率众固守。封藩开封的周王也以重金悬赏，招募死士。“自成攻围数日，亲帅诸将于承明门下耀武。时永福号称神箭，从城上射自成，中其左目，几死，遂收兵不出。”

陈永福后来隶属孙传庭麾下，又多次与李自成作战，直至潼关孙传庭败死。诸将降附李自成后，陈永福恐李自成记那一箭之仇，因而独自率众固守“保山巅不敢下”。

此时白广恩已降，李自成亲自上前拉住他的手，与他共同进餐，十分友好。左光先听此情形也放心降附。李自成又让白广恩前去招降陈永福。陈永福怕白广恩出卖自己，叹道：“汴城之战，永福亲集其矢于王之目，今穷而归命，惧无以全腰领。”李自成得知此情后，说道：“此各尽其事，何害！”命人取箭，“折箭为誓，招之”，陈永福这才放心归降。

以后史实证明，陈永福降附后，忠心于李自成。义军兵败山海关后，西退山陕，陈永福被升任权将军。清军进攻太原时，陈永福力守，清军用“红衣大炮”攻破城垣，陈永福殉职战死。

李自成的这种不计前嫌、宽宏大量的事迹在明朝官员中广为传播，所以，李自成的军队所到之处，不少明将都投降了李自成。

李自成在接受降将后，还能委以重任。他让投降的前明居庸关总兵官唐通镇守军事重镇山海关，在吴三桂反后，他又不断派遣投降的明将前去接应。这种气度，表明李自成当时确实是一个合格的领袖。

◎故事感悟

李自成是在明末农民革命运动长期斗争中成长起来的统帅和领袖，艰苦卓绝的斗争经历也使他养成了许多优秀的品质和素养，其中豁达大度、不计恩怨地任用人才就是他领导起义军取得辉煌胜利的重要原因，可见宽容大度确是事业成功的助推器。

◎史海撷英

李自成称王

1639年，张献忠在谷城（位于湖北襄樊）重新起义，李自成从商洛山中率数千人马杀出。1640年，李自成趁明军主力在四川追剿张献忠之际入河南，收留饥民。郑廉在《豫变纪略》载李自成大赈饥民的盛况：“向之朽贯红粟，贼乃藉之，以出示开仓而赈饥民。远近饥民荷锄而往，应之者如流水，日夜不绝，一呼百万，而其势燎原不可扑。”自此李自成军队发展到数万，提出“均田免赋”口号，即民歌之“迎闯王，不纳粮”。

崇祯十四年正月二十日（1641年1月），李自成攻克洛阳，杀万历皇帝的儿子福王朱常洵，自称“奉天倡义文武大元帅”。之后一年半之内三围省城开封未果，最后一次1642年黄河决堤冲毁开封，先后杀死陕西总督傅宗龙、汪乔年。10月，在河南郏县败明陕西巡抚孙传庭。与此同时，明朝对清朝战事不利，3月，洪承畴降清。11月，清军第五次入塞，深入山东，掠走36万人。

1643年1月，李自成在襄阳称“新顺王”。5月，张献忠克武昌建立“大西”政权。10月，李自成攻破潼关，杀死督师孙传庭，占领陕西全省。1644年1月，李自成在西安称帝，以李继迁为太祖，国号“大顺”。

◎文苑拾萃

大顺军

（明）李自成

明季三秦多苦难，辽东八旗妄称天。
群雄并起共逐鹿，洪卢挥刀困好汉。
明公举剑起银川，挥洒英豪震九边。
闯王迎祥恨就义，当仁不让军心安。
既占关中议远谋，称王建祚复改元。
挥军北上捣京师，所向披靡无敢战。
一日北京龙椅坐，正当奋力安天下，
不幸汉奸引虎狼，神州变色辱皇汉。
三军既颓返关中，一战满清败潼关。
皇天不佑势难起，亡我闯王九宫山。
一身戎马携刀剑，救世安民志自远。
时不我济身先死，青史载名百代传。

努尔哈赤化敌为友

◎见人不是，诸恶之根。见己不是，万善之门。——《格言联璧》

努尔哈赤（1559—1626年），清太祖。原姓夹古氏，后改姓爱新觉罗，名努尔哈赤，号淑勒贝勒。明嘉靖三十八年（1559年）出生在建州一个满族奴隶主的家庭。明万历十一年（1583年），努尔哈赤不屈奋起，以父、祖遗13副铠甲起兵，“自中称王”。他率领八旗子弟转战于白山黑水之间，历时30多年，统一女真各部，推动了女真社会的发展和满族共同体的形成。万历四十四年（1616年），在赫图阿拉建元称汗，国号金（史称后金）。于天命十一年（1626年）八月死去，终年68岁，葬于沈阳城东，称之“福陵（今沈阳东陵）”。

清太祖努尔哈赤是清王朝事业的奠基人。他以13副铠甲起兵，经过数十年的艰苦创业，终于使满族发展成为能与明朝抗衡、最后战而胜之的力量。这里当然有许多原因，而努尔哈赤广揽人才、善于用人则是其中的重要原因之一。在他最初起兵统一女真各部时，就十分注意争取各部的人才，并能化敌为友，显示了广阔的胸怀，被后人传为佳话。

明万历十一年（1583年）五月，努尔哈赤以报仇为名，揭开了统一女真各部的序幕。当时，女真各部互不统属，“各部蜂起，皆称王争长，互相战杀，甚且骨肉相残”。努尔哈赤起兵之初就处在各部势力的包围之中，几乎到处都是敌对势力。因此，最大限度地笼络人心、争取人才，是他面临的首要任务，而努尔哈赤恰恰体现出了这种广阔的胸怀。

万历十二年（1584年）四月一个雷雨交加的夜晚，有一名刺客悄悄潜入努尔哈赤的住所，准备行刺。警觉的努尔哈赤听到窗外有轻微的脚步声，轻轻起身，他“佩刀持弓矢，潜出户，伏烟突旁伺之”。刺客微步来到门前，轻轻拔动门闩，然而他刚刚推门进来，这时，一道闪电划破黑暗，趁着这闪电之光，努尔哈赤一个箭步跃上，用刀背将刺客拍倒，然后呼人将其捆绑起来。侍卫洛汉闻声赶到，见此情况，提刀要斩刺客。努尔哈赤想：杀人容易，可一旦杀了他又要树敌，于己不利，不如攻心为上，将其宽恕。于是，他大声喝问：“尔非盗牛来耶？”刺客一听，深知这是努尔哈赤给自己机会，就顺势回答说是来盗牛的。洛汉一听，又急又气，说：“诳言也！实欲害吾主，当杀之。”努尔哈赤非常冷静地说：“实盗牛也。”于是便放走了刺客。

五月的一个深夜，又有一个叫义苏的刺客趁夜半三更潜入努尔哈赤的住宅准备行刺。身处险境，异常警觉的努尔哈赤像上次一样，将刺客抓了个正着，他与上次一样，没有将刺客处死，又将其释放。这两件看上去似乎是很平常的小事，却产生了轰动性的效果。很多人都认为努尔哈赤“宽怀大度”，而愿意投奔他。

不仅如此，就连在战场上面对面厮杀过的敌人，努尔哈赤认为是有用之才，也能做到捐弃前嫌，化敌为友。

万历十二年（1584年）九月，努尔哈赤率兵攻打翁科洛城，并亲自登高劲射。当战斗正在激烈进行的时候，翁科洛有一位守城勇士鄂尔杲尼藏在暗处向努尔哈赤施放冷箭。努尔哈赤没有提防，躲闪不及，被射伤了。他拔出带血的箭，继续指挥战斗。这时，又有一个叫罗科的守城兵士借烟雾的掩护，潜到努尔哈赤近处，一箭射中其脖颈，虽然未中要害，但箭镞卷如双钩，入肉一寸多。箭拔出之后，“血涌如注”，“血肉并落”。努尔哈赤昏厥过去，攻城部队只好撤退。

努尔哈赤伤愈之后，再次亲自率兵突袭翁科洛城。当时，正是一年之中最寒冷的季节。北风凛冽，山高雪厚，大部分族人都在家里“猫冬”（躲在家里不出门）玩耍，准备迎接新年。城中军民万万也没想到有谁会在这样恶劣的天气出兵征战，因此，根本没有任何准备。努尔哈赤大兵突然发起攻城，城中军民乱作一团，努尔哈赤没费多大力气就攻入了城中。那两个险些要了努尔哈赤命的箭手——鄂尔杲尼和罗科也被努尔哈赤的部下生擒。众将一致要求立刻将他们推出斩首，以解心头之恨。这两位此时也以为必死无疑，谁知努尔哈赤竟微笑着对大家说：“两军交锋，都志在必得，以取得最后胜利为根本目的。当时，我们攻城，他们为主人守城，发箭射我，情理之中。若不射就不合情理了。如果他们为我所用，那他们的箭不是就会射向我的敌人了吗？像他们这样勇敢威猛之人，即使死在两军交锋的阵前，人们犹为之可惜。现在被我俘虏了，又怎么能够因为他们曾在阵前射过我而杀掉他们呢？”说罢，便亲自为二人解绑，并好言安慰。鄂尔杲尼和罗科被努尔哈赤的宽宏大量所感动，他们当即跪在地上，表示愿意归顺努尔哈赤，并为其效力。努尔哈赤当即授二人为牛录额真，各统辖300名壮士。两人叩头谢恩，众将无不为努尔哈赤的大度和宽容所折服。后来，鄂尔杲尼和罗科英勇作战，为努尔哈赤的统一事业立了战功。

努尔哈赤多次不记仇隙，宽恕仇敌，化敌为友，不仅使自己的属下“皆颂上大度”，而且使他在女真各部获得了好名声，同时感召了敌人营中的人才。就此而言，努尔哈赤能以最初弱小的力量而统一女真各部也就不足为怪了。

◎故事感悟

凡成大事业者，莫不有着博大的胸襟。他们不计较个人的恩怨得失，总是站在全局的高度处理问题，唯有如此，才能凝聚大家，将事业做大。努尔哈赤正是这样一位胸怀宽广的大英雄。

◎史海撷英

三部来归

努尔哈赤用武力统一了建州女真族大部分地区后，与栋鄂部之间仍互有争战，后来双方关系又大为缓和。努尔哈赤知道栋鄂部素强，又知道何和礼所部兵马精壮，雄长一方，因此一心想将栋鄂部招纳在自己的势力之下。万历十六年(1588年)四月，努尔哈赤纳海西女真哈达贝勒王台的孙女纳喇氏为妃，欲前往迎娶，特邀何和礼率兵扈从，何和礼便亲率30骑侍卫随行。

何和礼素知努尔哈赤乃女真一代枭雄，他在与努尔哈赤的接触和晤谈中，感到努尔哈赤不但具有雄才大略，而且礼贤下士，将来必为英主。扈从之行结束后，努尔哈赤将其请到佛阿拉(今属新宾永陵镇)，并以贵宾之礼相待，两人纵论今古，推心置腹，均对女真各部纷争的局面表示担忧，大有相见恨晚的感叹。努尔哈赤趁机向他表露出招纳之意，希望何和礼能与自己合兵一处，共创大业，何和礼慨然应允。何和礼返回栋鄂后，力排众议，毅然率领本部军民万余人马投奔努尔哈赤的驻地佛阿拉城，正式归附努尔哈赤。何和礼及栋鄂部的归附，使努尔哈赤实力陡然大增，如虎添翼，并为统一女真各部和对抗明廷奠定了坚实的基础。

何和礼归顺的前后，又有苏完部主索尔果率本部500余户归顺了努尔哈赤，努尔哈赤以其子费英东为一等大臣。史载：费英东"骁果善射，引强弓10余石"，追随努尔哈赤"三十余年，身先兵士，冲突坚阵，当其锋者莫不披靡。性忠直，遇事敢言，毅然不挠。"后亦成为努尔哈赤手下最著名的"五大臣"之一。

雅尔古寨人扈喇虎，因杀其族人，不知所归，后闻建州努尔哈赤大度容人，遂率手下军民归顺之。努尔哈赤收其子扈尔汉为养子，并赐姓"觉罗"。史书上说："扈尔汉感上(指努尔哈赤)抚育恩，誓以戎行效死，每出战辄为前锋"，后亦居"五大臣"之列。

何和礼、索尔果和儿子费英东、扈喇虎和儿子扈尔汉三部来归，是件非常重要的历史事件，清史称之为"三部来归"。

唐太宗宽宏得人心

◎处难处之事愈宜宽，处难处之人愈宜厚，处至急之事愈宜缓，处至大之事愈宜平，处疑难之际愈宜无意。——《格言联璧》

唐太宗李世民(599—649年)，唐朝第二位皇帝。陇西成纪人，祖籍赵郡隆庆。中国历史上伟大的军事家、卓越的政治家、著名的理论家、书法家和诗人。即位为帝后，积极听取群臣的意见，努力学习文治天下，经过主动消灭各地割据势力，虚心纳谏，在国内厉行节约，使百姓休养生息，终于使得社会出现了国泰民安、社会安定、经济发展繁荣的稳定局面，为后来全盛的开元盛世奠定了重要的基础，将中国传统农业社会推向鼎盛时期。后人称他在贞观年间的统治为“贞观之治”。代表作品有《帝范》、《赐房玄龄》、《贞观政要》等。

大唐王朝是历史上最繁荣的一个朝代，国泰民安，万国来朝。唐太宗李世民之所以有“贞观之治”的辉煌，与他宽宏大度、深得人心、赢得众多贤臣良将的辅佐是分不开的。

李靖是大唐著名的开国大将。殊不知，他原先是隋朝马邑的郡丞。李靖提前得知李渊父子要起兵反隋，曾想向隋炀帝密报此事。在李渊攻克长安后，李靖被抓，李渊要亲自监斩，但李世民再三说情，终于使其免于一死。李靖从此追随李世民南征北战，立下赫赫战功。太宗李世民继位后，拜李靖为刑部尚书；贞观三年，封兵部尚书；贞观十一年，封为卫国公。

魏征是唐朝著名的政治家，也是唐太宗的重要辅臣，以直谏敢言著称于世。他原先是太子李建成的人，曾多次鼓动建成杀掉当时的秦王李世民。“玄武门之变”后，李世民不计前嫌，并没有杀他，反而因其直率，能够犯颜直谏而愈加重用，魏征也觉得终遇“知己之主”，为大唐王朝鞠躬尽瘁。他先后被太宗任为谏议大夫、左光禄大夫，封郑国公。

唐太宗也是个“举大事者不计小怨”的英明之主。他身边的文臣武将大都是来自敌营的人，其中有不少是他的宿怨，而他能宽恕重用，使之由宿怨变成忠臣，为他打天下治江山。唐太宗捐弃前嫌重用冯立便是其中的例子之一。

《旧唐书·冯立传》记载：冯立，同州冯翊人，有武艺，略懂文书。太子建成任他为翊卫车骑将军，是建成亲信得力的人。建成被杀后，其部属多逃散，冯立叹气说：“哪能生受其恩而死逃其难！”于是领兵进攻玄武门，苦战久之，杀死了驻守此门的秦王（李世民）爱将敬君弘。他对其部属说：“稍可报答太子了！”便散兵马逃到荒野。不久又回到长安向李世民请罪，李世民责备他说：“汝在东宫，挑拨离间我兄弟，这是一罪；昨日复出兵来战，杀伤我将士，这是二罪。难逃死罪！”冯立答道：“以身事主，誓为效命，任职之日，无所畏惧。”说完伏地哭泣，悲不自胜。李世民怜惜他是员将才，终于还是赦免了他。冯立归，对其亲人说：“遇莫大之恩，幸得赦免，终当以死报答。”过了不久，突厥兵至便桥，冯立率领数百骑与之战于咸阳，杀伤和俘获甚多。李世民知道了深为赞叹，不吝赏赐，立即任冯立为封疆大吏之职，而冯立也不负太宗所望。

广州距中央远，可为所欲为，故历任当政官员大部贪污渎职，但亦有例外。晋时广州刺史吴隐之就是一个廉洁之士。距广州未及20里的石门，有水被称为贪泉，据传饮此水者廉士也变贪，吴隐之到泉所，酌而饮之，赋诗曰：古人言此水，一歃怀千金；试使夷齐饮，终当不易心。冯立跟吴隐之一样，都是伯夷、叔齐式的廉洁之士，都自信饮了贪泉也决“不易心”。事实确是如此，冯立以其政绩证明，他处“天高皇帝远”之地仍奉公守法、廉洁自持，故“甚有惠政”，使人民安居乐业。宽恕宿怨而得一忠贞之士为之退敌治民，这就是唐太宗比别人高明之处。

唐太宗有宽容臣民过失的气度和雅量，对大臣的过失，只要不是原则问题，常能开脱宽恕。

唐太宗在玉华宫避暑休养期间，经常挥写“飞白”书法。所谓“飞白”，是一种用枯墨走笔的书法艺术，字体苍劲有力；因书写时速度飞快，笔划中露出一丝的白地，故名“飞白”。据说，此法由东汉蔡邕所造，是唐太宗写出名的。史料记载，太宗书法功力深厚，尤善“飞白书”。房玄龄赞美其书法说：“笔迈钟张”、“轻翰暂飞”、“花葩竞发”。因而，太宗书法常被人争抢收藏，特别是“飞白书”作品，成了人们争相搜求的艺术珍品。太宗也常以自己的“飞白书”赏赐群臣。

贞观十八年(644年)，唐太宗在玄武门宴请三品以上的大臣，大臣们请求太宗赏赐“飞白书”条幅。太宗乘着酒兴，当场挥毫，赏赐群臣。

众臣也带着酒意，忘了君臣的名分礼节，争着抢夺“飞白书”。常侍刘洎素来疏狂，行动敏捷，竟然一步登上皇帝的御座，从太宗手里将“飞白书”抢在手中，高兴得手舞足蹈，大笑不止。

有几位大臣十分清醒，见刘洎得意忘形，无视君臣礼节，便上奏太宗说：“洎登御床，罪当死，请付法。”

刘洎一听，顿时酒意也吓醒了一半，方知闯下大祸，额上沁出一串串汗珠，连忙跪下叩头，请太宗治罪。

见大臣们十分紧张，唐太宗笑了笑，很风趣地说：“过去只听说嫔妃找借口坐皇上和皇后的车子，今天我却亲眼看见常侍大臣跑上皇帝的御座！礼法虽严，不加酒醉之人，刘爱卿爱朕书法，何罪之有？只是不要伤了脚踝啊！”太宗几句幽默的话，给后世留下了君臣和谐的佳话。

太宗对下级官员和百姓更是宽容大度。贞观十六年，太宗驾幸温汤，在骊山一带围猎。骊山设有专供皇帝围猎的猎场，周围筑有高墙，防止他人进入。

有一天，太宗来到猎场，登上山顶，极目远眺，发现远处有一段围墙竟然倒塌，有数丈宽的缺口，便回头对随行侍卫说：“我看见围场倒塌有缺口，这是猎场官员的失职，按律当斩！不治他的罪，就会堕坏法纪；如果因这件事杀了他，那岂不是我登高临下，故意寻求他人的过失，太不近人情。”唐太宗说完，就借口此处山高路险，勒转马头，进入另一条山谷，装作什么也没看见，巧妙地赦免了这位官员的罪过。事后，这位官员知道太宗宽容大度，巧赦自己的罪过，不由感激零涕，发誓改过，做一名称职的官员。

贞观二十一年（647年），齐洲人段志冲给朝廷写了一封建议书，要求皇帝李世民下台，把皇帝的位置让给太子。太子听说后，怕犯悖逆之罪，很是担心。这天上朝，太宗问太子对此事有何看法，太子话还没说，已先弯腰哭了起来，长孙无忌忙上前搀住太子，气愤地对太宗说："应该把那个造谣的人逮捕来杀掉！"

皇帝在位时就劝其退位是一种大不敬，在当时是要被杀头的。唐太宗却摇摇头，当庭拟旨，手诏写道："朕闻以德下人者昌，以贵高人者亡。是以五岳凌霄，四海亘地，纳汙藏疾，无损高深。志冲欲以匹夫解位天子，朕若有罪，是其直也；若当无罪，是其狂也。譬尺雾障天，不亏于大；寸云遮日，何损于明！今卿等皆欲致以极刑，意所不忍。可更详议，任流远方。"

太宗老了还保持着他那博大的胸怀，竟将"妄言上疏"的一介草民段志冲轻轻放过。

◎故事感悟

唐太宗在位23年，虽然在位时间远远比不上清朝的康熙和乾隆，但其业绩却是历史上最杰出的。而这份杰出的业绩与他宽宏大度、不计小怨地任用人才，以及能够纳谏的过人气量是分不开的。纵观古代君王，凡业绩杰出者胸怀莫不宽广。

◎史海撷英

以历史的眼光看李世民

人道恶高危，虚心戒盈荡；
纳善察忠谏，明科慎刑赏；
奉天竭诚敬，临民思惠养。

这是唐太宗李世民的诗作《帝京篇》中的诗句。

唐太宗李世民是唐高祖李渊的次子，唐王朝的第二代皇帝。俗话说："一俊遮百丑。"李世民曾残杀手足，逼父退位，后来又企图长生不老而长期服食丹药，砷毒发作身亡，这都是李世民身上最丑恶的一面。但他毕竟是历史上少有的一代明君，文功武略，样样不缺，经过一系列措施，使得唐朝初年便出现了贞观之治的繁荣景象。有了这么多"俊"，便把那些丑恶的东西遮掩了，丰富了李世民的形象。金无足赤，人无完人。试想一下，如果让李建成做皇帝，历史又会如何书写呢？

◎文苑拾萃

经破薛举战地

（唐）李世民

昔年怀壮气，提戈初仗节。
心随朗日高，志与秋霜洁。
移锋惊电起，转战长河决。
营碎落星沉，阵卷横云裂。
一挥氛沴静，再举鲸鲵灭。
于兹俯旧原，属目驻华轩。
沉沙无故迹，减灶有残痕。
浪霞穿水净，峰雾抱莲昏。
世途亟流易，人事殊今昔。
长想眺前踪，抚躬聊自适。

刘备的胸怀和气度

◎名誉自屈辱中彰，德量自隐忍中大。——《格言联璧》

刘备（161—223年），即蜀汉昭烈帝。字玄德。涿郡涿县（今河北涿州）人。据说是汉中山靖王刘胜的后代，三国时期蜀汉开国皇帝，政治家，221—223年在位。东汉汉灵帝末年，刘备因起兵讨伐黄巾军有功而登上汉末政治舞台，三顾茅庐后始得诸葛亮辅佐。汉建安十三年（208年）与周瑜等大胜曹操于赤壁，其后得到荆州五郡，后又夺取益州。夺取汉中击退曹操后，刘备于建安二十四年（219年）七月自立为汉中王。魏黄初二年（221年），时曹丕已逼迫汉献帝禅让皇帝位，蜀中又传言汉献帝已经遇害，刘备遂于成都武担之南即皇帝位，年号章武。次年伐东吴兵败，损失惨重，退回白帝城。章武三年（222年）因病崩逝，享年63岁，谥号昭烈帝。后人称刘备为皇叔，史家又称他为先主。

汉末大乱，起而逐鹿的群雄大多是世家贵胄或据有州郡的实力派，唯一有刘备以织席贩履过活，出身最为微贱。可因为他器宇不凡，敬贤容众，虽然无尺寸之地，但在士人中声望很高，为众望之所归。

起家之时，他的核心骨干是关羽、张飞等，这是他生死与共、相从一生的“铁哥们”。后来在公孙瓒处遇到赵云，即一见如故，有相见恨晚之感，相待如同手足。赵云披肝沥胆，追随他奔波一生。后来到徐州，州牧陶谦能够“三让徐州”，徐州英雄豪杰如陈登、糜竺、糜芳、孙乾等争相归附，可见其声望之高。他几度失败，曾依附过袁绍、曹操和刘表，袁、刘都能出郭相迎，待以宾礼。曹操与他出同车，坐同席，待以宾客之礼。在荆州时，更为南州士望之所归。刘备和诸葛亮素无渊源，三顾而致，即倚为心腹，如鱼得水。

庞统、徐庶、伊籍、黄忠、马氏兄弟、蒋琬等都是刘备这段时间罗致的英杰人物。依靠这支队伍，他又吞并了巴蜀。

刘备领益州牧后，史书评价他“诸葛亮为股肱，法正为谋主，关羽、张飞、马超为爪牙，许靖、糜竺、简雍为宾友。及董和、黄权、李严等本璋之所授用也，吴壹、费观等又璋之婚亲也，彭羕又璋之所排摒也，刘巴者宿昔之所忌恨也，皆处之显任，尽其器能。有志之士，无不竞劝”。

陈寿的这一段话，很好地勾画了蜀汉政权的骨干阵容。正因刘备胸怀宽广，能不计恩怨地任用贤才，故其骨干阵容是个容纳五湖四海的班子，蜀汉政权能够稳定地存在几十年，这是个基础和前提。

法正、许靖等本都是刘璋的下属，其中个别人如法正、彭羕是主动参加刘备集团，对攻取蜀中做出过贡献。而黄权、刘巴则曾是他的死对头。刘璋听张松的建议准备招刘备入蜀，黄权即是坚决的反对派。他深知刘备是个不凡人物，把他请来，当部下对待不合适；当宾客待，一国又容不下二主。他以透辟的分析劝阻刘璋，刘璋听不进去，到涪城欢迎刘备时他更以衔衣死谏。刘璋后来把他放到广汉当地方长官，刘备攻略郡县时，郡县都是望风归附，黄权却是闭境坚守。对这样一个忠于对手的死硬派，刘备不仅未将其杀害，而且给以重用。

刘巴本来是受曹操之命招抚荆州南部三郡的，因为刘备捷足先得，刘巴完不成使命就逃到交趾去。在其出逃之前，诸葛亮曾情真意切地写信劝他归顺刘备，刘巴却回复：“受命而来，不成当还，此其宜也。足下何言邪！”毫不犹豫地拒绝了，使“先主深以为恨”。后来他又从交趾辗转来到巴蜀，在刘璋处他也是最坚决的拒备派。刘备攻下成都后，刘璋下属纷纷归附新主子，刘巴却闭门不出。当时众将忿怒，将往杀之。刘备却下军令说：“其有害巴者，诛及三族！”而且亲自登门拜访，给予重用。

刘备伐吴，黄权曾经劝谏说：“吴人骠悍善战，而我军由水路出兵顺流而下，易进难退，为臣乞请您让我为先头部队去试探敌人虚实，陛下应当在后面坐镇。”刘备没有听从黄权的建议，而任他为镇北将军，督领江北军队防御魏国出兵，刘备自己在江南前线。后吴国将军陆逊顺流冲破蜀军的包围，蜀国江南前线部队大败，刘备撤退。由于返蜀道路被吴军完全阻断，黄权军队无法返回蜀地，故此只好率领部下投降魏国。蜀执法者建议根据法律惩治黄权妻小，刘备说："是我对不起黄权，不是黄权对不起我。"因此不予追究，对待他的家小仍同过去一样。黄权归魏后，曹丕封侯拜将。不久从蜀中传来消息，说他的妻小被诛戮。黄权说不会的，不予发丧。不久，确切的消息传来，果如黄所言。刘备能以博大的胸怀容纳人物，故能延致英杰，创成帝业。

容众必然能纳谏，听得进不同意见。正是因为刘备胸怀宽大，虚怀纳谏，从善如流，才能网罗英才，团结部下。刘备包围成都时，任蜀都太守的许靖曾打算逾城投降，后来因为暴露了未能成功。许靖是名望很高的人物，他既不能劝刘璋早降，又不能为之效死，他这种做法是不够光明磊落的，因此刘备在刘璋投降后很鄙薄和冷落他。对此，法正颇不以为然。他劝谏刘备道："天下有许多名望很高但其实不副的人，许靖就是典型的一个。但是他誉满天下，播流四海，如果主公不用他，而他的缺点你又不能逐户告知给每一个人，那么人们只会说你不能礼贤用才。请主公像战国时燕昭王礼待郭隗一样，敬重许靖，以树立敬贤的形象。"刘备马上采纳了法正的意见，厚待许靖，分封部下时许靖的班位还在诸葛亮之上。

◎故事感悟

纵观三国历史，刘备其人，论才智，他没有曹操聪明；论谋略，他没有曹操出色；论实力，他也没有曹操雄厚。但他能在汉末大乱的群雄中崭露头角，和他心胸宽广、能够容人而用之有莫大关系！刘备以仁恕服人，使得一大批杰出的英才为己所用，最终成为东汉末年三国鼎立的一方。

◎史海撷英

白衣渡江

建安二十四年，曹操被关羽打得喘不过气来，他一面尽全力阻挡关羽，一面派人"许诺割江南以封孙权"，叫孙权起兵袭击关羽的后方来减轻曹魏的压力。

吕蒙秘密向孙权建议，如果命令征虏将军孙皎守南郡，潘璋驻守白帝城，蒋钦率领流动部队一万人沿长江上下活动，哪里出现敌人，就在哪里消灭，而吕蒙本人在上游据守襄阳，这样“何忧于操？何赖于羽？”还说，关羽为人自负、实力雄厚，对我们并不是真心相待。现在关羽之所以未立即向东进攻我们，是因为您圣贤英明，我和其他将领们还没死。如今，若不在我们强壮时解除这一后患，一旦我们都死去，那时再欲和他较量是一定会失败的。孙权仔细考虑了一下，决定攻打荆州。

吕蒙来到陆口，发现关羽虽然去征讨樊城，却留下很多军队防守，急促之间也不能有什么新的突破。吕蒙就对孙权建议，让他启用一个还没有什么知名度的人来接替自己，让关羽不再担心东吴而放松戒备，并且推荐了陆逊，说他“才堪负重，而未有远名，非羽所忌”。

孙权同意了吕蒙的建议，而陆逊一到陆口就写信给关羽，全方位地歌颂了关羽的功德，同时一再地表示自己很年轻，没有经验，愿意再为双方的和平友好继续努力，并且还希望关羽能够多多关照和支持自己。关羽果然上当，对东吴不再存有戒心，便逐渐把东线的军队北调赶赴樊城前线。

得到消息的吕蒙来到浔阳，把精锐士卒都埋伏在船舱里。在甲板上摇橹、扬帆的船工一律穿上普通百姓的衣服而不带甲胄，把自己装扮成商人，沿着长江向江陵进发，沿途关羽的巡哨都没有引起警觉，结果所有的岗哨包括站岗的军士都被活捉，关羽对此竟一无所知。

等关羽得到消息时已经太晚了，无力回天，最终关羽败走麦城。

◎文苑拾萃

蜀先主庙

（唐）刘禹锡

天地英雄气，千秋尚凛然。
势分三足鼎，业复五铢钱。
得相能开国，生儿不象贤。
凄凉蜀故妓，来舞魏宫前。

李存勖诚恕一箭之仇

◎居上不骄，位下不倍。——《礼记》

李存勖（885—926年），唐末河东节度使、晋王李克用长子。沙陀人，本姓朱邪氏，小名“亚子”。908年继晋国王位，923年在魏州（河北大名府）称帝，国号唐，史称后唐，是为后唐庄宗。以勇猛闻名。

当初，梁军与李存勖的军队在黄河边上对阵，陆思铎以善射，天天参与战斗。他曾在箭杆上刻上自己的名字，一天射中了李存勖的马鞍，李存勖拔出箭来，看到是陆思铎的名字，因而记在心里。

存勖灭梁后，陆思铎跟众人一块儿前来投降，李存勖拿出箭来让他看，吓得陆思铎趴在地上等候发落。李存勖好言相慰，饶恕了他。

◎故事感悟

李存勖英武奋发，锐不可当，但当他消灭后梁统一北方后，能够宽容地对待一个曾经射他一箭的降将陆思铎，足以说明他的心胸宽大，为人坦荡，留下千古佳话。

◎史海撷英

李存勖即位晋王

开平二年（908年）正月，李克用病死，李存勖于同月袭晋王位。办完丧事，他就设计捕杀了试图夺位的叔父李克宁，并率军解潞州(山西上党)之围。李存勖认为潞州是河东屏障，没有潞州对河东不利，所以他立即率军从晋阳出发，直取上党，乘大雾突袭围困潞州的梁军，大获全胜。李存勖的用兵使朱全忠大惊，他说："生子当如李亚子。"克用潞州围解，威振河东，控制镇州的王容和控制定州的王处直见形势骤变，也动摇了附梁的信心，竟和李存勖结成联盟共同对付后梁。后梁为了保护河北，不惜一切，出兵再战，于是双方在柏乡又展开了一场血战。

柏乡之役，晋军有周德威等3000骑兵和镇州、定州兵；梁军有王景仁率的禁军和魏博兵八万。梁军守柏乡、以逸待劳，在地形、兵力、装备几方面处于优势；而晋军是骑兵，机动性和进攻能力大，对梁军构成威胁。战役开始，李存勖采用周德威建议，引诱梁兵出城，聚而歼之，晋军主动后撤。梁军主将王景仁果然上当，倾巢而出。晋军抓住机会，以骑兵猛烈突击梁军，周德威攻右翼，李嗣源攻左翼，鼓噪而进。这时晋军李存璋率领的骑兵大队也赶上，梁军丢盔弃甲，死伤殆尽。这一仗，使梁军丧失了对河北的控制权，之后，朱全忠一听晋军就谈虎色变。而李存勖却进一步安定了河东局势，他息兵行赏，任用贤才，惩治贪官恶吏，宽刑减赋，河东大治。

◎文苑拾萃

歌头

（唐）李存勖

赏芳春，暖风飘箔。莺啼绿树，轻烟笼晚阁。杏桃红，开繁萼。灵和殿，禁柳千行斜，金丝络。夏云多，奇峰如削。纨扇动微凉，轻绡薄，梅雨霁，火云烁。临水槛，永日逃繁暑，泛觥酌。露华浓，冷高梧，凋万叶。一霎晚风，蝉声新雨歇。惜惜此光阴，如流水。东篱菊残时，叹萧索。繁阴积，岁时暮，景难留。不觉朱颜失却，好容光。且且须呼宾友，西园长宵。宴云谣，歌皓齿，且行乐。

游显恕仇

◎孟子曰："万物皆备于我矣。反身而诚，乐莫大焉。强恕而行，求仁莫近焉。"——《孟子·尽心上》

忽必烈（1215—1294年），成吉思汗之孙，监国拖雷第四子，蒙哥之弟。1260年自称蒙古帝国可汗，汗号"薛禅可汗"，但未获普遍承认。1271年建立元朝，成为元朝首位皇帝，庙号世祖，谥号圣德神功文武皇帝。

李璮袭为益都行省（今山东境内）长官，拥军自重。宋开庆元年（1259年），李璮加速准备反叛蒙古，一面进犯南宋，取海州（今江苏连云港西南）等四城，一面积极加固益都城防，储存粮草，截留盐课。

元世祖中统元年（1260年），忽必烈即帝位，其幼弟阿里不哥也在漠北自立为大汗，两兄弟为争夺汗位发生战争。忽必烈为了稳定李璮，加封他为江淮大都督，并对他的上述活动隐忍不发。

李璮乘忽必烈倾全力抗御阿里不哥南犯之机，于中统三年二月举兵反叛。他献涟海三城于南宋，杀蒙古戍兵，从海州泛海还攻益都，进据济南。南宋封李璮为齐郡王节度使封号，但并没有在军事行动上给予有力配合。李璮在进攻济南时，曾传檄河北，希望取得华北地区汉人军阀的支持，但应者寥寥。因此，处境完全孤立。

忽必烈迅速集中蒙汉诸军，以宗王合必赤统领征李璮。三月，史枢、韩世安、阿术等于高苑老僧口击败李军，李军退守济南。四月，忽必烈又命右丞相史天泽专征，史天泽与哈必赤定议，筑环城围济南，进行长期围困。济南被围四个月之久，李璮粮秣告罄，军心离散。七月，李璮投大明湖不死，被俘，被史天泽斩首于军前。李璮的岳丈王文统，当时任中书省平章政事，颇得忽必烈信任，因与李璮书信交通，被忽必烈杀死。

游显是宋降臣，他为人正派，很有才干，受到元世祖信任。有人诬告游显曾经和李璮有书信交往，元世祖说：“游显怎么能做出这种事来？这好比凶猛的鹰雕被狐狸所憎恶一样！”等到抄没李璮家时，果然没有发现游显给李璮的书信。元世祖命令将诬告人交给游显，听凭游显自己处置，诬告人闻讯奔逃。过了一年，游显叫来诬告人的妻子，告诉她叫她的丈夫从藏匿的地方回来。那个诬告人跪着爬行到游显面前请求一死，游显说：“你的生死只在我掌握，我怎么会忍心杀你？”对待诬告人就像平时一样。

◎故事感悟

游显对待诬告自己的人能以平常心对待，不但显示出博大的胸怀和坦荡的人生，同时也没有辜负忽必烈对自己的信任。这种品质令人敬佩，也值得我们学习。

◎史海撷英

游显论政

忽必烈要改宣抚司为宣慰司，游显有不同意见。元裕宗真金当时任中书令，正好来到元世祖帐内，就把游显召回来，叫游显把话都讲出来。游显奏说道：“臣子听说您要将宣抚司改为宣慰司，如果不选择有贤能的人任职，虽然变更官署的名称，就好比劣质的鼓，声音不响，而只更换新的鼓槌，鼓声又怎能增大呢？”他一一历数各位任职官吏的过错，毫不隐讳。元世祖看着裕宗说：“将来录取官员，必须是这类人。”

狄仁杰以恕道感人

◎仲弓问仁。子曰："出门如见大宾，使民如承大祭。己所不欲，勿施于人。在邦无怨，在家无怨。"仲弓曰："雍虽不敏，请事斯语矣。"——《论语 · 颜渊》

狄仁杰（630—700年），字怀英。汉族。唐代并州太原（今山西省太原南郊区）人。唐（武周）时杰出的政治家，武则天当政时期任宰相。举明经，历官并州都督府法曹、大理丞、侍御史、宁州、豫州刺史，武则天即位，任地官侍郎、同凤阁鸾台平章事，后为来俊臣诬害下狱，贬彭泽令，转魏州刺史，神功初复相，后入为内史，封燕国公。在武则天当政时，以不畏权贵著称。

狄仁杰出生于一个官宦之家。祖父狄孝绪，任贞观朝尚书左丞；父亲狄知逊，任夔州长史。狄仁杰通过明经科考试及第，出任汴州判佐。时工部尚书阎立本为河南道黜陟使，狄仁杰被吏诬告，阎立本受理讯问，他不仅弄清了事情的真相，而且发现狄仁杰是一个德才兼备的难得人物，谓之"河曲之明珠，东南之遗宝"，推荐狄仁杰任并州都督府法曹。

和狄仁杰同在州府供职的参军郑崇贤的母亲年迈多病，一次郑崇贤奉命出使极远的地区。狄仁杰说："您怎能让老母亲为儿子远行万里而担忧呢？"就拜见长史蔺仁基，请求替郑崇贤出使。蔺仁基赞叹他仁义待人。当时蔺仁基与司马李孝廉有私怨，便对他说："我们也应该略感惭愧啦！"于是二人像当初一样友好相处了。

◎故事感悟

狄仁杰主动请求代替同僚出使，不但感动了对方，连不相干的人都受到了教育。可见，一身正可使天下正的品质对世道人心教化意义的巨大。而狄仁杰的确是千秋万代美德的典范。

◎史海撷英

狄仁杰的为人

天授二年（691年），狄仁杰以地官侍郎之职兼有同凤阁鸾台平章事的官衔，成为参政大臣。武则天对他说："您在汝南郡（今河南省）为政妥善，但有人诬蔑中伤您，想知道是谁吗？"狄仁杰婉言拒绝说："陛下认为臣有过错，臣应当改正；认为臣没有过错，就是臣的幸运了。说坏话的人臣不想知道。"武则天赞叹他是一位有德的长者。

◎文苑拾萃

奉和圣制夏日游石淙山

（唐）狄仁杰

宸晖降望金舆转，仙路峥嵘碧涧幽。
羽仗遥临鸾鹤驾，帷宫直坐凤麟洲。
飞泉洒液恒疑雨，密树含凉镇似秋。
老臣预陪悬圃宴，余年方共赤松游。

郑清之宽待反对派

◎肯替别人想，是第一等学问。——吕坤《呻吟语》

郑清之（1176—1251年），初名燮，字德源、文叔，别号安晚。庆元府鄞县人。少能文，从楼昉学，为楼钥称赏。1202年（嘉泰二年）入太学。1210年（嘉定二年）登进士第，调峡州（今湖北宜昌）教授，累迁国子学录，后授王宫教授，迁宗学博士、宗正寺丞兼权工部郎、签事枢密院事。绍定三年（1230年）授参政政事。六年丞相史弥远卒后累官右丞相兼枢密使，疏请召还直臣真德秀等人，为帝采纳，时号“小元祐”。端平二年（1235年）特进左丞相。嘉熙二年（1238年）封申国公。后历封卫国公、越国公。屡辞不已，拜太傅，保宁军节度使，进封齐国公。淳祐七年（1247年）获准辞官，放浪湖山，寓身僧刹。两年后复相位。致仕卒，谥忠定，赠尚书令，追封魏郡王。清之的代言奏对，多不存稿。工笔札，书法遒秀逸致，书迹见《凤墅续法帖》。著有《安晚集》60卷，《宋史本传》行于世。

郑清之从来不立反对派，汤巾在朝廷议论事情时曾经说过郑清之的坏话，等到郑清之再次做丞相，汤巾请求辞官，郑清之说：“自己想做君子，叫谁做小人。”竭力挽留汤巾。

徐清叟曾经一一论述郑清之的罪状，郑清之却推荐他与自己一起执政。

越葵管理军队一年多了，请求免职，皇帝没有什么职务可以安排他，郑清之说：“除非让他做丞相，否则不足以酬劳他，陛下难道因为我的缘故不让他为相吗？我一定不会因为赵葵来做丞相就立即辞职，我愿意做左丞相，让赵葵做右丞相。”皇帝终于听从了郑清之的建议，然而赵葵竟然没来就任。

◎故事感悟

郑清之以宽容之心对待反对自己的人，不但表现了自己的宽宏大度，也维持了南宋末年偏安一隅的统治。但历史的进程不是哪个人的宽容所能改变的，最终南宋为元所灭。

◎史海撷英

宋理宗之死

宋理宗继位的前10年，都是在权相史弥远挟制之下，自己对政务完全不过问，一直到1233年史弥远死后宋理宗才开始亲政。亲政之初他立志中兴，采取了罢黜史党、亲擢台谏、澄清吏治、整顿财政等改革措施，史称“端平更化”。执政后期，朝政又相继落入丁大全、贾似道等奸相之手，国势急衰。1234年，南宋联合蒙古国灭金。1259年，蒙古攻鄂州，宰相贾似道以宋理宗名义向蒙古称臣，并将长江以北的土地完全割让给蒙古。

理宗死后的谥号是建道备德大功复兴烈文仁武圣明安孝皇帝，庙号理宗。根据周密《齐东野语》的记载，最初曾拟定“景”、“淳”、“成”、“允”、“礼”五字作为备选庙号，最后定位“礼宗”。但有人说“礼宗”与金哀宗拟的谥号相同，便更名为“理宗”，人们认为根据理宗崇尚理学的实际出发，如此谐音也是名实相符。

理宗病重时曾下诏征求全国名医为自己治病，但无人应征。理宗病逝，死后葬于会稽附近的永穆陵。他死后不过15年，其陵墓——包括南宋其他几位帝王和后妃的陵墓，被一个叫杨琏真珈的僧人盗挖，理宗的尸体因为入殓时被水银浸泡，所以还未腐烂，盗墓者便将其尸体从陵墓中拖出，倒悬于陵前树林中以沥取水银。随后将理宗头颅割下，并制作成饮器，送交北京大都元朝统治者，其躯干则被焚毁。这是宋理宗生前万万没有料到的。理宗的头颅直到朱元璋攻占大都后，才在元大都的皇宫中被找到，朱元璋命人将理宗颅骨重新安葬于宋陵遗址，并对被毁坏的陵墓进行了修复。

◎文苑拾萃

东归越上

（宋）郑清之

急雨先声入芰荷，傍船鱼跃弄新波。
东西黑白投林鸟，高下青黄异亩禾。
村竖相呼骑犊背，小舟斜舣问渔蓑。
秋来物物供吟笔，不着黄秦可若何。

李成以恕道治军

◎己欲立而立人，己欲达而达人。——《论语》

李成（生卒年不详），字伯发。雄州归信（今河北雄县）人。有勇力，北宋末为弓手。南宋初，曾任归信县知县。金军南下攻宋后，在其谋士陶子思怂恿下，率众数万叛乱，攻城略地烧杀抢掠。建炎二年（1128年）八月，渡河南下，攻掠宿州（今属安徽）、虹县（今安徽泗县），此后叛服无常，雄踞一方。

李成领兵号令很严，大家都不敢违抗。作战临阵时，他抢先冲在前头。用饭时，士兵们还未吃，他从不先吃。发现有患病的将士，他就亲自去探望他们。在阵地，他从不带避雨的工具，虽然淋湿了身子也不影响指挥作战。有个告发李成反叛的人，宗弼查清那是诬告，就让李成亲自整治他，李成对他只是罚打，然后就释放了他。李成就这样不计较冤仇，因而将士们都乐意为他效力，军队所到之处都能取得胜利。

◎故事感悟

李成是个军人武夫，心胸广阔，善于谅解他人。他不计前嫌，以身示范、团结部下的品德，是取得胜利的根本原因。

◎史海撷英

宋攻李成之战

1128年十月，宋廷命江淮制置使刘光世率军进讨，刘光世以王德为先锋，在上蔡（今河南上蔡西南）将其击败，李成逃奔新息（今河南息县），刘光世挥军急追，再败之，擒其谋主陶子思。李成率余部转攻淄州（今山东淄博淄川），久攻未克，粮尽而撤。建炎三年十月，渡淮攻破滁州（今属安徽），杀知州向子伋。建炎三年十二月，李成闻金军渡江南下，乘宋廷无力顾及，率众自滁州入淮西，以都统领胡选进犯池州（今安徽贵池）；以副都统领马进渡江攻江州（今江西九江）；自率军攻湖口（今属江西），先后占据江、淮十余州、军，有席卷东南之势。建炎四年十二月，宋廷以神武右军都统制张俊为江、淮招讨使，并将王躞所统神武前军、陈思恭所统神武后军及通泰镇抚使岳飞军，一并调归张俊节制，决计尽快攻灭李成叛军。

绍兴元年二月，张俊率军进至洪州（今南昌），李成命马进军屯于赣江西岸，依此据险，列阵以待，同时命邵友率军一部自奉新县（今属江西）南下，攻陷筠州（今江西高安）、临江军（今江西清江）。张俊进入洪州后，为隐蔽企图，敛兵入城，偃旗息鼓月余不战，仅命王瓒于江中阅习水军。马进以为宋军怯战，放松戒备。三月，张俊见敌因骄生息，决定乘隙进攻。初七，岳飞自请为先锋，首先率部渡过赣江，突击马进军右翼，中军统制杨沂中率军由赣江上游生水渡过江，大败敌军。马进率军退向筠州，背依筠河，先控险要，企图阻遏宋军。岳飞亲率200余骑先出诱敌，马进见宋军兵少，挥军出击，张俊命杨沂中、陈思恭两军同出山后，两路夹击，马进军大败，被俘8000余人。战后张俊怕降卒再叛，命陈思恭将其全部杀死。宋军乘胜收复筠州、临江军。马进率余部退回江州与李成会合，李成命马进留守，亲率主力进行反扑，命部将商元在奉新县楼子庄草北设伏，以待宋军来攻。张俊见山险路狭，命步卒由小路潜登山顶，击退商元伏兵，乘势进至江州，马进弃城而遁。二十八日，宋军收复江州，张俊全军继续追击，李成退归蕲州（今湖北蕲春北）。五月，张俊率军进抵黄梅县（今湖北黄梅西北），李成率胡选等军号称10万，在石幢坡凭此据险，居高临下阻击宋军。张俊先命游卒佯动吸引李成军，乘其不备，亲率主力强攻夺取险要，追杀马进，李成势穷无计，逃奔伪齐。宋军乘胜收复了被李成攻占的淮西各州县。

◎文苑拾萃

柳梢青春感

（宋）刘辰翁

铁马蒙毡，银花洒泪，春入愁城。
笛里番腔，街头戏鼓，不是歌声。
那堪独坐青灯，想故国，高台月明。
辇下风光，山中岁月，海上心情。

元世祖免究争过之臣

◎恕字甚大，然恕不可独用，须得忠以为体。不忠何以能恕？——《凉呈集》

桑哥（?—1291年），元代中央政府宰相，政治家。出生于多麦（今四川甘孜藏族自治州和西藏昌都）一带地区，具体出生地方及生年不详。幼年时，曾拜国师丹巴功嘉葛刺思为师。由于他聪颖好学，“多知识，能通藏、蒙、汉、畏吾儿和其他言语，”宋度宗咸淳元年（1265年），乌斯藏萨迦派首领八思巴及其弟弟恰那多吉从大都返回西藏途中，桑哥得到了他们的赏识，并将其带至乌斯藏，担任西番译吏。

建元后，尚书省建立，桑哥掌权，向皇帝上奏说上都留守管理钱财谷物多有不实，于是召回留守忽刺忽耳和贺仁杰到朝廷述职。贺仁杰说：“臣下是汉人，不能禁止吏员止息邪恶，致使钱财谷物多有损耗，这是臣下的罪。”忽刺忽耳说：“臣下是长官，印信在臣下手中，不经请示，他们是无法开展工作的，所以这是臣下的罪。”世祖说：“以爵位让人的有，没有争着把罪归自己的人。”就把他们两个人都赦免了。

◎故事感悟

各民族的人都具有推功揽过的美德，忽必烈不追究他们的过失，反而表彰他们的这种精神，说明忽必烈具有较强的政治头脑和善于用人的心胸。

◎史海撷英

噶尔丹叛乱

明末清初，我国北方的蒙古族分为三大部：在今内蒙古地区的是漠南蒙古，在原外蒙古一带的是漠北喀尔喀蒙古，游牧于天山以北一带的是漠西厄鲁特蒙古。厄鲁特又称卫拉特，又分为四部，即和硕特（游牧于今新疆乌鲁木齐地区）、准噶尔（游牧于今伊犁河流域）、土尔扈特（游牧于今新疆塔城地区）、杜尔伯特（游牧于今额尔齐斯河流域）。四部中，准噶尔部势力最强，先后兼并了土尔扈特部及和硕特部的牧地，迫使土尔扈特人转牧于额济勒河（今伏尔加河）流域，和硕特人迁居青海。到噶尔丹执政时，在吞并了新疆境内的杜尔伯特和原隶属于土尔扈特的辉特部后，又进占了青海的和硕特部，其后又攻占了南疆维吾尔族聚居的诸城。随着准噶尔势力范围的不断扩大，噶尔丹分裂割据的野心日益膨胀。此时，正是沙皇俄国疯狂向外扩张的时期，为达到侵略中国西北边疆的罪恶目的，他们对噶尔丹进行拉拢利诱。康熙二十六年（1687年）底，沙俄参加中俄边界谈判的全权代表戈洛文，在伊尔库茨克专门接见了噶尔丹的代表，阴谋策动噶尔丹叛乱，支持他进攻喀尔喀蒙古。在沙皇俄国的唆使下，噶尔丹终于率兵进攻喀尔喀蒙古，发动了一场旨在分裂祖国的叛乱。

◎文苑拾萃

陟玩春山寄兴

（元）忽必烈

时膺韶景陟兰峰，不惮跻攀谒粹容。
花色映霞祥彩混，垆烟拂雾瑞光重。
雨霑琼干岩边竹，风袭琴声岭际松。
净刹玉毫瞻礼罢，回程仙驾驭苍龙。

"打出来"的交情

◎志安公，行安修，知通统类，如是则可谓大儒矣。——《荀子·儒效》

欧阳修（1007—1073年），字永叔，号醉翁，又号六一居士。汉族。吉安永丰（今属江西）人，自称庐陵（今永丰县沙溪人）。谥号文忠，世称欧阳文忠公。北宋卓越的文学家、史学家。

北宋著名文学家欧阳修在国史馆工作时，他有个同事叫赵概。赵概为人少言寡语，脾气又倔，常常同欧阳修的观点不一致，争论起来，毫不退让。因此，欧阳修看不起他，说："赵概就不配在史馆待着。"

后来，欧阳修升任枢密副使、参知政事，就把赵概贬为天章阁侍制。赵概淡然处之，仍然像老样子：少言寡语，性情执拗。

不久，欧阳修的外甥犯了法，牵连到欧阳修，平日同欧阳修不和的人四处活动，只想趁机把欧阳修扳倒。一时闹得很凶，想替欧阳修辩驳的人都噤若寒蝉，不敢说话了。赵概不但不落井下石，趁机报复，反而给皇帝上书，说："甥是甥，舅是舅，如果外甥犯了法，就治舅舅的罪，那岂不是有欠公平吗？"这封书到了皇帝手里，皇帝不高兴了，说："赵概简直是多嘴！"

赵概仍然淡然处之。皇帝虽然生气，但认为赵概说的在理，结果也没治欧阳修的罪。

欧阳修知道赵概是个正直的人，他的执拗是正直的表现，就把赵概当成朋友。从此两人互相帮助，为国家做了不少好事。这真是"打出来"的交情啊！

◎故事感悟

古语说：不打不相识，欧阳修与赵概就是这种打出来的交情。他们不以私利为好恶，而是出以公心处理问题，这种友谊是牢固的。

◎史海撷英

宋代的纺织手工业

经过五代十国的战乱之后，宋朝初年采取了一系列恢复发展农业生产的措施，取得了显著的效果。随着农业生产的飞速发展，纺织手工业在唐代高度发展的基础上又前进了一大步。宋代官营纺织业规模很大，杭州、苏州、成都三大织锦院的雇工达数千人，民间纺织业也有较大增长，出现了一些独立的纺织作坊。北宋时，北方战事频繁，而东南地区则比较安全，丝织生产发展很快。宋室南迁之后，大批北方居民纷纷南迁，对丝织品的需求增加更刺激了丝织业的发展。当时，杭州丝绸的花色品种非常丰富，除去一般的绫罗绸缎等品种之外，又出现了鹿胎、透背、绣锦、绒背锦等新名目。苏州生产的宋锦、南京生产的云锦、四川生产的蜀锦都是闻名全国的名品。从东汉开始的丝织生产重心南移过程至此已经完成。

◎文苑拾萃

宋代服饰

宋代的女服一般为上穿襦、衫、袄，下穿裙，颜色一般都比较浅淡素雅，不像唐代那样鲜艳富丽，多采用间色，如淡绿、粉紫、银灰、葱白等色。宋代裙子幅多褶密，多用罗纱制成，有6幅、8幅、12幅之别。裙长及地，裙腰高度比唐代降低，以绸带束于腰部，腰带上有时还垂有绶环。宋代还有一种旋裙，前后开胯，便于乘骑。

相忍为国的寇恂

◎君子能为可贵，不能使人必贵己；能为可用，不能使人必用己。——《荀子 · 大略》

寇恂（?—36年），字子翼。汉族。上谷昌平（今属北京市）人。东汉名将，“云台二十八将”之一。寇恂出身世家大姓，年轻时任郡功曹，太守耿况很器重他。

寇恂帮助刘秀开创基业，屡立战功，被东汉开国皇帝刘秀任命为颍川郡的太守。

这时，军事活动还在进行，各部官兵往往自恃战功，杀掠百姓，寇恂决心绳之以法，整顿社会秩序。

执金吾贾复的部下有一史将官，私自跑到颍川抢劫，并且将事主杀害。寇恂立即派人追捕，审讯明白后，押解到集市上当众处死。

贾复听说后，怒气不息，认为寇恂故意驳他的颜面，决心要给寇恂点颜色。不久，他率部路过颍川郡，跟随从人员说：“我跟寇恂官职一样，现在却让他给抓了把柄，大丈夫怎能有气不痛痛快快地出？这次见到他，一定亲自试试我的宝剑！”

寇恂得知贾复要跟自己计较，就跟属官说：“我还是回避一下为好。”谷崇说：“我原是带兵的出身，可以携带我的剑护卫你。倘如贾复真的蛮干，让我来收拾他。”寇恂连连摆手说：“你这想法不对。从前赵国的蔺相如对秦王毫不畏惧，却一再对廉颇退让，还不是为了国家利益？爱国人人有责，我怎能意气用事？”

于是，寇恂立即派人张罗酒食，招待过境的贾复部队。自己在大路旁迎接，不久就推说有病，避开了。

刘秀知道了这事，出面为两人调解。寇恂严于执法，却又相忍为国，感动了贾复，两人从此结为好友。

◎故事感悟

以上故事告诉我们，尽管事情做对了，在别人不理解的情况下，做一些退让也是大有益处的，给别人一些时间去了解、去谅解，对己对人都有好处。

◎史海撷英

汉代的袍服

汉代的纺织业虽然很发达，丝织品的生产也是量多质精，可是，能够用得起这些织品作为服装面料的只是少数权贵。汉代丝织品价格极为昂贵，一匹普通的缣素，相当于6—8石米的价钱，穷人是穿不起的，故有“贫不及素”的说法。至于那些名贵的织锦纨绣，只有帝王妃以及贵族富商才能够享用，普通平民百姓使用的服装面料主要是粗麻布。

汉代的袍服逐渐取代深衣而成为最流行的服装样式。不过，这时的袍服不同于先秦的锦袍，而是一种外衣。其式样由深衣演变而来，衣身比较宽松，衣袖肥大，称为“袂”。袖口收紧，称为“祛”。无论男女，不分贵贱都可穿着。这时的袍服在衣领、衣袖等部位，一般都缀有花边，花边的色彩及纹样较衣服为素，常见的有菱纹、方格纹等。袍服以袒领为主，多裁成鸡心式，穿时露出内衣，也有裁成大襟斜领的，衣襟开得很低。袍服的下摆打裥，有的裁制成月牙曲状。女子的袍服更加讲究色彩和对领、袖、襟及衣裾等边缘部位的装饰。

齐桓公与高寿老人

◎长国之术在乎养士，养士之方在乎学；学废则士亡，士亡则国虚。——唐·李觏

齐桓公（？—前643年），名小白。春秋时期齐国的国君，“春秋五霸”之首，公元前685至前643年在位。他在位期间任用管仲为相，使齐国国力逐渐强盛，成为天下诸侯的盟主。

春秋时，齐桓公一次在麦丘（今山东商河县西北）打白鹿时遇见了一位83岁的老翁，桓公羡慕老翁高寿，与他喝酒并对老翁说：“为什么不向我祝福呢？”老翁回答说：“我是个大老粗，不知道如何为国君祝福？”桓公说：“就借用你的高寿来为我祝福吧！”老翁举杯说：“祝我们的国君万寿无疆。金玉是不值钱的，而百姓才是无价之宝啊！”桓公高兴地说：“这是多好的祝福啊，我听说高尚的品德一定不止这一点，好话必有第二句，请老先生再说说吧！”

老先生又举起了酒杯，再拜说：“祝我们的国君勤奋学习，不耻下问，希望在您的周围都是四方的贤士，并且敢于给您提意见的人，能得到重用。”桓公更高兴地说：“多好的祝福啊！高尚的品德一定会不止这一点，好话应该还有第三句，请老先生再说说吧！”

老先生又举杯再拜说：“不要让群臣和百姓得罪我们的国君，也不要让我们的国君得罪群臣和百姓。”桓公听了这第三句话，很不高兴，脸色都变了，说：“老先生，快改掉这句话吧！它可没有前二句好。”

听了桓公的话，老先生老泪纵横伤心地说："国君啊！请您再仔细地想一想，这一句可是最好、最重要的话啊！我听说，如果儿子得罪了父亲，可以由母亲、姑母、姐妹去向父亲请罪，得到父亲的宽恕；如果臣子得罪了国君，可以由国君身边的人，向国君请罪，得到国君的赦免。而夏桀得罪商汤，殷纣得罪了武王，这是国君得罪了臣子。到现在，他们的罪，还是不能赦免。"

桓公情不自禁地说："太好了，太好了！托祖宗的福，靠神灵的保佑，让我在这里遇见了你。"于是桓公恭恭敬敬地扶他上座，并且亲自驾车送他回朝，用隆重的礼节接待，并请他来决断朝政的大事。

◎故事感悟

齐桓公在与高寿老人对饮时，由于老人祝酒辞不对他心思，颇有微词，但作为君王来说他并没有发作，而是静心地听从老人的解释，最后认为老人说得对，而庆幸自己遇见了贤人。此事说明齐桓公是一位明君，能正确对待人与事。

◎史海撷英

孟轲的主张

孟轲是孔子儒家学派的继承人，并充分发挥了孔子的伦理和政治学说，其中很重要的一条就是性善论。他认为人之性都是好的，之所以出现好人和坏人，完全是环境所致。他主张性善，把个人看得十分尊重，把人格平等看待，认为大圣大贤是人人可以做到的。

当然，他的性善论是从先验主义观点出发的，是一种主观唯心主义的意识。

但是，我们应看到，在孟轲的政治学说中，确实也包含着不少的进步思想。例如：他在孔子主张的"仁"之外，兼又主张"义"。"仁"就是"人道"，"义"就是"正义"。孔子以为做人应当有人道，应当爱人；孟子却以为做人于有道之外，还须"正义"，要明白什么可做，什么不可做。他曾说过："春秋无义战。"意思是说：春秋时期没有正义的战争。

孟轲还有一个很著名的思想："民为贵，社稷次之，君为轻。"他把人民放在最重要的地位上，国家放在第二位，国君轻于前二者。这样明确的观点，在几千年以前就提出，不能不说是非常进步的政治观点。

他主张限制君权，他痛斥暴君为民贼，人人可得而诛之。他这些重视民权的思想，在当时专制时代中能如此大胆地提出并予以发挥，确实是很卓越的，也是难能可贵的。

他在谈君臣关系时说："君待臣如手足，那么臣待君如心腹；君待臣如犬马，那么臣待君如路人；君待臣如土芥，那么臣待君如仇敌。"

他还提出"天时、地利、人和"的论点，告诉大家："天时不如地利，地利不如人和"和"得道者多助，失道者寡助"。

虽然孟子是站在统治阶级立场上来看问题，但说明了失尽民心的封建统治者失败的原因。

当然，我们也必须看到孟子的许多观点是不足取的。如"劳心者治人，劳力者治于人"，就是在为统治阶级辩护。

孟轲的"仁义道德"的主张，与当时兵战统一天下的形势格格不入，所以不能得志。

◎文苑拾萃

孟子游说齐宣王

孟轲稍大一些，孟母就送他去读书。可是，孟轲很淘气，经常中途溜回家。有一天，孟轲又逃学了，孟母问起他的学习情况，他说："和原来一样。"孟母听后，立即拿起刀，把织布机上的纱一刀斩断。孟轲大惊，忙问："母亲，您为什么把纱割断？"孟母道："你荒废学业，就如我割断这纱一般。我织布织到一半，把纱割断，以后就再也不能织成布了；你读书，只读一半就跑回来了，以后还能够有成就吗？"孟轲听后，非常惭愧，从此刻苦读书，拜孔子的后代子思为师，勤学好问，博览群书，继承了孔子的儒家学说，并且有所发展，终于成为当时有名的学者。

孟轲也像当年孔子一样，周游列国，向当时的诸侯宣传自己的政治主张，以实现其政治理想。有一次，他来到齐国拜见齐宣王。齐宣王要他讲齐桓公、晋文公称霸的事迹，孟轲说："孔子的学生不讲这些，我还是讲讲王道吧。"宣王问："要有什么样的德行，就可以实行王道了？"孟子说："用安定百姓生活的方法去统一天下，即无人能够阻挡得了。"他提出"保民而王"的主张，说："如果实行仁政，就能叫满天下做官的都愿站立于大王的朝廷上，耕田务农的都愿耕种于大王的田野里，行商坐贾的都愿居住于大王的集市中，来来往往的旅客都愿行走于大王的道路上，凡是痛恨本国国君施暴政的人都愿来此向大王控诉，如果如此，又有谁能阻挡天下的人心所向呢？"孟轲的政治主张，最终是要实行"仁政"才能统一天下。然而，齐宣王并不采纳他的建议，不久，孟轲就离开了齐国。